숨겨진 보물 사라진 도시

일러두기
―이 책의 본문 안쪽에 있는 주석은 원주이고, 하단에 있는 주석은 옮긴이주이다.

인류 역사상 가장 위대한
고고학적 발견 21가지

질케 브리 지음 | 마르틴 하케 그림
김경연 옮김

숨겨진 보물
사라진 도시

Verborgene Schätze versunkene Welten

ⓖ현암사

위대한 보물과 발견들

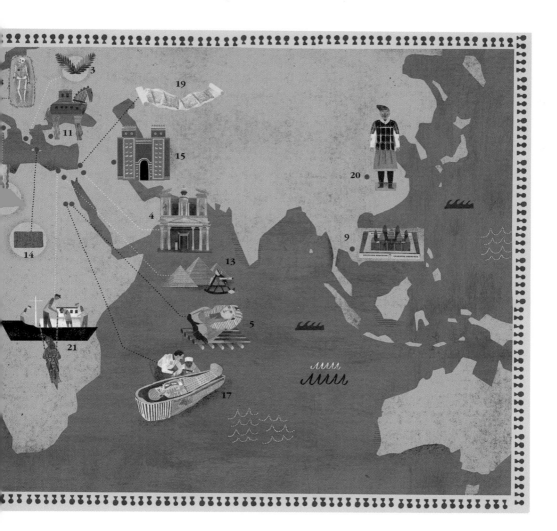

차 례

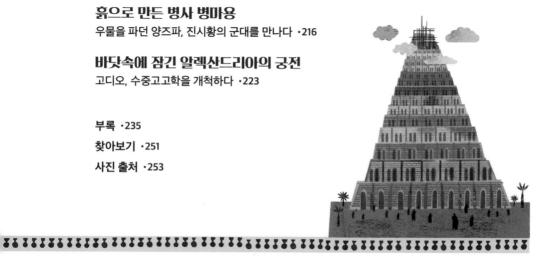

"과거를 아는 사람만이 미래를 갖는다."

– 빌헬름 폰 훔볼트

타임머신을 타고 수천 년 전 과거를 여행하며, 수수께끼에 싸인 민족과 비밀스러운 도시, 전설로 남은 인물, 완전한 미지의 세계를 발견하는 일을 어느 누가 마다할까?

이 책은 그런 과거로 여행을 시도한 사람들을 소개한다. 이들에게는 복잡한 기술 같은 지원이 없었다. 수백 년 전에 모험가와 고고학자, 보물 사냥꾼들이 사용한 수단, 즉 곡괭이와 삽, 그리고 대담함과 행운이 전부였다.

이들은 책상 앞에 앉아만 있지 않았다. 목표를 향해 나아가고, 찾고, 지면과 수면 아래를 바라보고, 생각을 발전시키고, 충동적으로 움직이고, 번득이는 기지를 발휘했다. 혹은 적시에 적절한 장소에 있었다. 이들 모두 새로운 길을 발견하고 세상을 놀라게 한 것들을 찾아낸 대담한 개척자였다. 이들의 발견은 집

안에 들어앉아 있는 사람들을 눈뜨게 했고, 세상 또는 그 일부에 대한 사람들의 시각을 영원히 바꿔놓기도 했다.

그렇다면 '발견'이란 정확히 무엇인가? 글자 그대로다. 숨어 있거나 덮여 있거나 인간의 시야에서 벗어나 있는 것을 '들추어보는' 것이다. 하지만 때로는 전 세계의 시각이 아니라 서구의 시각에서 봤을 때에 국한된 '발견'도 있었다.

'고고학'은 글자 그대로 '옛것'을 살펴보는 학문이다. 이 책에서는 고고학이라는 학문의 결정적 순간들을 모았다. 과감한 모험가들, 편안한 셔츠 차림의 발굴자들, 고고학 선구자들의 21가지 이야기다. 그들은 무언가를 발견해 불멸의 존재가 되었다. 전설에 싸인 트로이에서 전설 이상의 것을 보았던 하인리히 슐리만, 폼페이의 죽은 자들에게 생명을 불어넣어 준 주세페 피오렐리, 정글에서 마야의 침몰한 유적과 마주친 존 로이드 스티븐스와 프레더릭 캐서우드가 그 주인공이다.

물론 고고학을 연구한 여성이나 고고학으로 생활비를 번 여성학자도 있었다. 19세기 이후에는 그 수가 더 늘었다. 그들은 남성 동료들과는 달랐다. 명성을 좇기보다는 일 자체에 집중했고 더 겸손했다. 그러나 안타깝게도 하인리히 슐리만처럼 머릿속에 확고한 관념을 갖고 있거나 하워드 카터처럼 파라오 무덤을 발굴하는 꿈을 이루거나 토르 헤위에르달처럼 자신감으로 무장한 채 대양을 횡단하는 야망을 실천하지는 못했다. 물론 여성 고고학자들도 부분적으로는 대단한 일을 성취했다. 아멜리아 에드워즈Amelia Edwards는 고대 이집트의 기념물을 지키는 매우 중요한 과제를 수행했다. 요한나 메스토르프Johanna Mestorf

는 독일 북서쪽의 슐레스비히 홀슈타인의 습지에서 발견한 시신의 역사를 탐구했으며, 에르실리아 카에타니 로바텔리Ersilia Caetani-Lovatelli 백작 부인은 고대 로마인들의 일상생활을 연구했다. 해리엇 하웨스Harriet Hawes는 크레타에서 발굴 작업을 했으나 세 아이를 양육하기 위해 작업을 포기했다. 캐슬린 케니언Kathleen Kenyon은 일곱 차례나 예리코I를 발굴하여 크게 인정받았다. 이처럼 여러 여성들이 발굴가로 성공적으로 일했으나 선구적 업적을 이루었다고 하기는 어렵다. 또 이들의 성과는 새로운 고고학적 발견이라든가 유명해질 수 있는 발견 스토리로 보기는 어려운 점이 있다. 게다가 남성 동료들이 그들을 간혹 방해하기도 했다. 다른 분야와 마찬가지로 고고학 분야 역시 여성들에게는 장벽이 높았다. 빌헬름 황제가 어떤 여성을 동방으로 보내 발굴을 맡기는 일을 상상할 수 있을까? 만약 벨초니 부인이 남편 없이 멤논 거상을 옮기려 했다면 어떤 이집트인이 그녀의 지시에 귀를 기울였겠는가? 급료를 주지 않겠다고 위협을 하고서야 플린더스 페트리는 이집트 노동자들이 마거릿 머리Margret Murray의 지시를 듣게 할 수 있었다.

이들 발견자들 가운데에는 그저 소유욕에서 행동했고, 순전히 자기 기분 내키는 대로 움직였으며, 무엇보다도 자신에게 이득이 될 것을 찾아 나섰을 뿐이라고 비난받아도 무방한 사람도 있다. 하지만 이런 식으로 행운을 좇는 사람이라 해도 인정할 수밖에 없는 결정적인 사항이 있다. 바로 그들은 찾아 나섰다는 점이다. 또는 적어도 결정적인 순간에 깨어 있는 눈으로 다른 사람은 보지 못한 것을 알아보았다는 사실이다.

I 현재 서요르단의 도시로, 구약 성경 시대의 명칭은 '여리고'다.

이 책에 등장하는 인물들은 완전한 미지의 세계를 발견하기 위해 길을 떠난 모험가의 아우라를 오늘날까지도 잃지 않고 있다. 그 덕분에 이 책의 21가지 이야기가 탄생했다. 이들의 발견을 둘러싼 이야기는 세계 곳곳으로 퍼져나가 수백만 명의 사람들에게 닿았고, 사람들에게 놀라움을 선사함과 동시에 숨겨진 보물과 잃어버렸던 세계에 관해 눈을 뜨게 해주었다.

가장 유명한 조각상 라오콘
포도밭을 일구던 농부, 고대 석상을 캐내다

1506년 1월 로마. 펠리체 데 프레디스Felice de Fredis는 로마의 높은 에스퀼리노 언덕에 서서 자신의 근사한 포도밭을 둘러보고 있었다. 현대의 여행객이 그 곁에 서 있다면 펠리체가 바라보는 광경에 틀림없이 놀랄 것이다. 로마의 일곱 언덕[1]이 전부 포도나무와 올리브나무로 덮여 있기 때문이다. 한때 고대 수도의 자랑스러운 중심지였던 포룸 로마눔에서는 수많은 소와 양이 풀을 뜯고 있었다. 골짜기 전체가 수 미터 두께의 지층으로 덮여 개선문과 신전의 기둥들, 공회당은 땅 위로 겨우 한 뼘 정도 솟아 있었다. 고대의 이 서글픈 잔재들 사이에서 동물들이 볼일을 보고 맛좋은 풀을 즐기는 광경이 펼쳐졌다.

포룸 로마눔은 베네치아 광장과 콜로세움 사이에 위치한 고대 로마 중심부의 유적지다. 1506년 당시에는 흙더미에 묻혀 있었다. 1788년 최초로 발굴될 때까지는 282년의 세월이 더 흘러야 했다.

---

[1] 티베르강 동쪽, 세르비아누스 성벽으로 둘러싸인 고대 로마 도시의 중심에 위치한 일곱 언덕을 말한다.

한때 막강한 권력을 지닌 황제와 원로원 의원, 집정관들이 로마의 포룸을 산책했고, 거리와 광장을 메운 승리의 행렬이 제국의 우월함을 과시했으며, 용감한 검투사들이 콜로세움에서 목숨을 걸고 싸웠다는 사실을 펠리

로마 사람이라면 누구나 로마의 원형극장인 콜로세움의 장엄한 크기를 마주할 때마다 가라앉았으나 사라지지는 않은 고대를 떠올린다.

체는 짐작도 하지 못했다. 그가 보기에 이 오래된 벽들은 처음부터 잡초에 뒤덮인 채 나뒹구는 쓸모없는 것이었다. 키르쿠스 막시무스[I]만이 드넓은 채소밭으로 그나마 유용하게 쓰여 펠리체 같은 농부를 기쁘게 했다.

펠리체는 고대의 이 모든 건축물에 대해 그리 잘 알지 못했다. 당연한 일이었다. 포도를 키우는 농부인 그가 낡은 돌에 관심을 보일 때라고는 오직 포도나무가 자라는 데 방해되지 않도록 힘들게 땅에서 빼내야 할 때뿐이었다. 그런 일은 꽤 잦았다. 로마 한가운데서 온갖 종류의 오래된 돌과 맞닥뜨리는 건 특별한 일이 아니었다. 기원전 1000년경부터 사람이 살았고 특히 로마 황제 시대에는 웅장한 건축물들이 세워진 도시였기에 건축물들이 더러 땅 속에 숨어 있는 것은 당연했다.

포도 농사꾼은 늘 바빴다. 심지어 겨울에도 할 일이 있었다. 그날 펠리체는 포도나무 베는 작업을 시작했다. 오래된 가지를 자르고 나무 전체를 파내려 할 때 뭔가 딱딱한 것이 삽에 부딪쳤다. 펠리체는 욕을 내뱉었다. 분명 또 포도나무의 성장을 방해하는 옛날 돌이리라. 그러나 땅을 파 내려가다 보니 단순히 돌덩이 하나가 아님을 깨달았다. 처음에는 아치가 드러나더니 한참을 있는 힘껏

I   기원전 600년경에 목재로 만들어진 거대한 타원형 광장으로 고대 로마 제국에서 가장 큰 전차 경기장이었다.

파내자 이윽고 지하에서 작은 방이 나타났다. 펠리체는 너무 놀란 나머지 얼어붙은 듯 꼼짝도 하지 못했다. 흙을 거의 다 파내자 입구가 모습을 드러냈다. 그는 호기심을 못 이기고 좁은 입구에 몸을 간신히 넣어 방으로 들어갔다. 바닥에는 아름답기 그지없는 돌이 깔려 있었고, 벽은 다채로운 상감 세공으로 장식돼 있었으며, 천장은 부드러운 곡선의 아치였다. 한 번도 본 적 없는 방이었다. 방을 둘러보던 그는 소스라치게 놀랐다. 방 한구석에 실오라기 하나 걸치지 않은 채 서 있는 남자를 발견했기 때문이다. 옆에는 남자보다 훨씬 어려 보이는 남자아이 둘이 양쪽에 서 있었다. 모두 고통스럽다는 듯 일그러진 표정을 하고 있었다. 그들 모두 거대한 뱀들에 휘감겨 있기 때문인 듯했다. 펠리체의 심장이 그 어느 때보다 크게 뛰었다. 그러나 그는 곧 이 형상들이 돌로 만들어졌음을 알아차렸고 그제야 비로소 공포가 누그러졌다. 펠리체는 지하의 방을 서둘러 떠나 집으로 달려갔다. 그리고 저녁에 포도주를 마시며 지인들에게 자신이 발견한 놀라운 물건에 대해 떠들어댔다.

포도밭에서 나온 벌거벗은 형상에 대한 이야기는 곧 로마 전역에 퍼졌다. 교황은 누구보다 먼저 이 소식을 들었다. 교황은 시종에게 교황청 건축가인 줄리아노 다 상갈로를 데려오라고 했다.

"근처 포도밭에서 예사롭지 않은 조각이 발견되었다고 하는데 가서 살펴보고 오시오!"

교황의 지시에 줄리아노는 즉시 길을 떠났다. 마침 집에서 쉬고 있던 교황청 소속 조각가인 미켈란젤로 부오나로티도 그 길에 동참했다. 이윽고 그들은 펠리체가 알려주는 지점에 다다라 땅속 방으로 들어갔다. 줄리아노가 흥분해서 외쳤다.

"플리니우스[1]가 언급한 라오콘이다!"

미켈란젤로와 줄리아노의 시대, 즉 르네상스 시대에, 플리니우스의 『박물지』는 학자라면 누구나 반드시 공부해야 할 책이었다. 플리니우스는 37권의 저서에서 당대의 온갖 박물학적 지식을 알려주었다. 예를 들어 광물과 식물에서 물

---

[1] Gaius Secundus Plinius(23~79). 고대 로마의 박물학자, 정치인, 군인으로 로마 제국의 해외 영토 총독을 역임하는 한편, 자연계를 아우르는 백과사전 『박물지』를 저술했다. 일반적으로 대(大) 플리니우스로 불린다.

새롭게 태어난 시대

15세기 이탈리아에서 시작된 시대를 르네상스라 부르는데, 이는 글자 그대로 '재생'을 일컫는다. 이 시대에는 여러 새로운 발견이 이루어졌다. 고대를 발견했고, 잊힌 글들을 발견했으며, 고대의 조각 이 땅에서 나타나기도 했다. 이 모든 것을 통해 일찍이 인간과 인간의 묘사를 특별하게 평가했던 시대가 존재했으리라는 놀라운 인식이 생겨났다. 그 결과 예술가와 학자들이 고대의 사상을 집중적으로 다루기 시작했다. 그들은 고대 문자를 읽거나 조각을 자세히 연구하면 과거를 더 잘 이해할 수 있다고, 또한 '인간은 무엇으로 이루어지는가?', '인간은 어떻게 정의할 수 있는가?'와 같은 당대의 중요한 질문들에 대해 답을 찾아낼 수도 있다고 여겼다.

미켈란젤로 부오나로티는 화가이자 조각가, 건축가이자 시인이었다. 그는 이탈리아 르네상스의 대가로 여겨진다. 그의 예술은 이미 그가 살아 있던 시기에 획기적인 영향을 미쳤다. 그는 라오콘 조각상을 일컬어 '예술의 기적'이라 했다.

감을 얻는 방법과 청동 조각 기법을 설명했으며, 조각을 비롯해 예술 일반, 그 밖의 온갖 것에 대해 서술했다. 라오콘 조각도 언급했다. 그는 이 조각을 황제 티투스의 궁에서 보았다면서, 이제껏 본 어떤 회화나 조각 예술 작품보다 압도적으로 아름다운 작품이라 칭송했다. 아, 정말이지 깜박거리는 등잔 불빛 속에서 이 조각상을 바라보고 있노라니 미켈란젤로는 플리니우스의 말이 더 잘 이해되었다. 로마에서 이름이 알려진 이 서른 살의 조각가에게 고대 조각만큼 영감을 주는 것은 없었다. 그는 이 예술이 몹시 좋았다. 신체의 각 부분이 포착해낸 역동성이 놀라웠다. 고대를 통틀어 가장 유명한 조각상을 수백 년 뒤에 다시 발견한 현장에 서다니! 미켈란젤로는 감동에 못 이겨 전율했다.

줄리아노는 플리니우스의 저서를 자세히 읽은 데다 내용을 생생히 기억하고 있었다. 그리고 지금 자신의 눈앞에 먼 과거에 일어났다고 전해지는 극적인 사건의 형상이 서 있는 것이었다. 그는 어리벙벙해하는 펠리체에게 가엾은 라오콘과 그의 아들들에 관한 인상적인 이야기를 들려주었다.

그리스인과 트로이인은 트로이의 성 앞에서 10년 동안 서로 죽이고 죽는 싸움을 벌였습니다. 그러던 어느 날 트로이인들은 매우 놀랐습니다. 그리스인들이 알 수 없는 이유로 싸움을 중지했기 때문입니다. 그리스인들은 거대한 목마를 만들어놓고는 자취를 감추었습니다. 트로이인들은 생각지도 못하게 전쟁이 끝나 무척 기뻤습니다. 사람들은 성 안에서 쏟아져 나와 축하를 나누면서 거대한 목마를 어떻게 처리할지 상의했습니다.

어떤 이들이 말했습니다.

"바다에 밀어 넣읍시다."

다른 이들이 외쳤습니다.

"오, 안 됩니다. 멋진 목마이니 시내로 가져갑시다."

하지만 나이 많고 현명한 사제인 라오콘은 다른 트로이인들처럼 안심할 수가 없었습니다. 라오콘은 큰 소리로 경고했습니다.

"그리스인들이 선물을 가져와도 그들을 믿지 마시오."

그가 두 아들과 함께 바다의 신 포세이돈에게 제물로 바칠 짐승을 잡으려 할 때 넘실대는 바다로부터 거대한 뱀 두 마리가 나타났습니다. 용처럼 몸을 굴리며 다가오는 뱀은 볏 모양의 돌기가 피처럼 붉게 파도 위로 솟아나 있었고 두 눈은 무시무시하게 번뜩이고 있었습니다. 뱀들은 라오콘과 두 아들을 향해 돌진하더니 소년들의 연약한 몸을 휘감아 으스러뜨렸습니다.

놀란 아버지가 허겁지겁 달려가 사랑하는 두 아들을 괴물로부터 구하려 했지만, 뱀들은 아버지마저 덮쳐 그의 몸과 목을 두 겹으로 옥죄었습니다. 아버지는 빠져나오려고 애썼지만 소용이 없었습니다. 결국 그 역시 뱀들에게 죽임을 당했습니다.

트로이 주민들은 라오콘이 의심하는 말을 했기에 신들에게 벌을 받은 것이라 해석했습니다. 그들은 목마를 시내로 가져왔습니다. 물론 목마 안에 가장 힘센 그리스 전사들이 숨어 있는 줄은 꿈에도 몰랐지요. 그날 밤 그리스 전사들은 목마 속에서 쏟아져 내려와 도시의 문을 열었습니다. 밤을 틈타 몰래 들어온 그리스군은 시내를 돌아다니며 트로이인들을 죽였습니다. 그리하여 트로이는 라오콘이 예언한 종말을 맞았습니다.

만약 사람들이 라오콘의 경고를 진지하게 받아들였더라면……

이 비통한 이야기를 듣자 남자와 두 아들의 대리석상이 다르게 보였다. 이미 지나간 과거가 구체적인 형상이 되어 그들이 들은 이야기를 특별하고도 생생하게 살려낸 것이었다. 로마 전역에서, 오랫동안 알려져 있기만 했을 뿐 찾지 못했던 조각품을 발견한 사건을 축하했다. 잔치를 열고 그림을 그리고, 조각품을 놓아둘 장소에 관한 토론이 이어졌다.

발견한 지 채 몇 주 지나지 않은 3월 23일, 라오콘 군상은 교황의 차지가 되었다. 교황은 상당한 금액을 지불하고 펠리체에게서 조각상을 구입했다.

포도 농사꾼 펠리체 데 프레디스는 사망하고 23년 뒤 산타마리아 인 아라코엘리 성당에 매장되었다. 그와 같은 평민에게는 주어진 적 없는 매우 특별한 명예였다. 그때까지만 해도 로마 귀족 가문과 추기경들만 이곳에 묘지를 얻었고, 농부들은 엄두도 낼 수 없었다. 그의 묘석에는 "펠리체 데 프레디스, 현재 바티칸에서 볼 수 있는 흡사 숨 쉬는 듯한 입상인 라오콘을 발견했고 이 비할 데 없는 공로로 불멸성을 획득한 사람"이라고 쓰여 있다. 이로써 오늘날까지 라오콘 발견자에 대한 기억이 생생하게 보존되고 있다.

20

남은 이야기

라오콘과 두 아들의 조각상은 오늘날 가장 중요한 고대 조각 가운데 하나로 꼽힌다. 라오콘 군상은 예술사 기법과 예술 감상에 본질적인 영향을 끼쳤다. 이 조각상의 발견과 더불어 과거의 극적인 이야기와 거의 잊히다시피 한 사건들이 한줄기 숨결이 되어 현재 속으로 들어왔다. 이후 라오콘 군상에 대한 저서와 논문이 도서관을 가득 채울 정도로 활발히 출간되었다. 이 조각상을 처음 마주하면 누구나 감동을 받는 듯하다. 요한 요아힘 빙켈만Johann Joachim Winckelmann은 이 군상에 고취되어 '고귀한 단순함과 고요한 위대함'이라는 유명한 말로 탁월한 고대 예술의 본질을 적절하게 묘사했다.

바티칸 미술관에 있는 라오콘과 아들들 조각상.

신비의 석상이 지켜보는 이스터섬
로헤벤, 태평양 한가운데 있는 섬에 다다르다

1722년 4월 6일 눈부시게 아름다운 부활절 이튿날, 네덜란드 제독 야코프 로헤벤Jacob Roggeveen이 이끄는 배 세 척 앞에 미지의 섬이 나타났다. 그 순간 함장의 심장이 빠르게 뛰었다.

미지의 남방 대륙은 북반구 땅덩어리와 대칭을 이루는 곳에 존재한다고 여겨진 가상의 대륙이었다. 당시 사람들 사이에서는 그곳에서 상상할 수 없을 만큼 많은 황금을 찾을 수 있다는 말이 오갔다.

야코프 로헤벤이 암스테르담 서인도 회사의 위임을 받아 고대 기록에서 미지의 남방 대륙으로 묘사된 테라 아우스트랄리스 인코그니타를 발견하기 위해 출발한 것은 그로부터 9개월 전이었다. 예순세 살의 로헤벤은 자신의 아버지가 그랬듯 태평양에 있는 미지의 땅들을 탐사하기를 꿈꿨다. 그와 260명의 강력한 군대는 암스테르담에서 출발해 브라질로 향했고, 포클랜드 제도를 지나 혼곳을 돌았다. 1722년 2월 25일에는 후안페르난데스 제도에 이르렀으며 여기서 신비한 남국을 향해 서쪽으로 항해를 계속했다.

로헤벤이 대략 데이비스섬이 있으리라고 여긴 곳에 마침내 섬이 나타났고, 다가갈수록 섬은 급속히 커졌다. 데이비스섬은 당시로부터 30여 년을 거슬러 올라가는 1687년 해적 에드워드 데이비스가 유럽인으로서 최초로 발견한 작은 섬이었다. 로헤벤은 데이비스섬이 자신이 찾는 남방 대륙의 북쪽 일부일지 모른다고 추측했다. 하지만 자세히 살펴보니 이 섬의 위치는 데이비스섬의 위치와 정확히 일치하지 않았다. 게다가 그 해적이 묘사한 섬과 다른 모습을 하고 있었다.

로헤벤은 자신이 섬을 발견했다고 재빨리 선언하고 그 섬에 파스 아일란트, 즉 이스터섬이라는 이름을 붙였다. 이스터(부활절)에 발견된 섬이라는 뜻이었다. 그리고 대원들과 함께 섬을 탐색하기로 했다.

해안에 가까이 간 네덜란드인들은 섬에 사람이 살고 있음을 알아차렸다. 검은 머리의 벌거벗은 여자와 남자들이 해변에서 왔다 갔다 하고 있었다. 야만인일까? 식인종일까? 로헤벤의 명령에 따라 일행은 우선 닻을 내리고 해안에 잠시 머물렀다. 조심하는 게 상책이니까.

세상의 가장자리인 이곳에 살고 있는 사람들에 대해 그가 과연 무엇을 알고 있었겠는가? 아무것도 알지 못했다! 전설적인 호투 마투아 왕이 수백 년 전 백성을 이끌고 이곳에 도착한 이래 원주민들이 자신들의 섬을 라파누이, 즉 '세상의 배꼽'이라 부른다는 것 역시 로헤벤은 당연히 몰랐다. 그가 짐작할 수 있는 것이라고는 고립된 섬 주민들에게는 약 20킬로미터 폭과 10킬로미터 길이의 이 섬이 세상의 전부로 여겨질 것이며 이곳에는 완전히 독자적인 규칙과 법이 있으리라는 것뿐이었다. 원주민들은 세 개의 사화산이 있는 이 척박한 땅 너머는 몰랐다. 사람이 사는 가장 가까운 섬은 2,100킬로미터나 떨어져 있었고 육

호투 마투아 왕의 전설

남태평양의 거의 모든 섬이 그렇듯 이스터섬에도 아주 오래된 이야기가 있다. 인간이 어떻게 이곳에 오게 되었는지를 설명하는, 수백 년 전부터 전해 내려오는 전설이다. 먼 옛날, 전설적인 히바국에 한 남자가 살았는데, 그는 어느 날 밤 대단히 아름다운 섬이 나오는 꿈을 꾸었다. 그는 호투 마투아 왕에게 꿈 이야기를 했고, 이야기를 들은 왕은 그 섬에서 살고 싶어 아내와 누이, 두세 명의 이주자, 식물과 동물, 석상 하나를 거느리고 그곳으로 출발했다는 것이다. 사람들은 이스터섬의 다른 수수께끼들도 이런 방식으로 설명하려고 시도했다. 석상 가운데 몇몇은 왕과 함께 섬에서 살려고 이주해온 남자들을 나타낸다고 한다. 왕의 아이들은 훗날 이스터섬 부족들의 시조가 되었다고 전해진다.

지는 그 두 배 가까이 멀었다. 이곳에 사는 사람은 떠나기가 쉽지 않았다. 해변에 놓인 소박한 갈대배로 이 거리를 극복한다는 것은 생각할 수조차 없는 일이었다.

다음 날 아침, 하루가 막 시작되었을 때 로헤벤의 배에 갑자기 한 남자가 나타났다. 선원들은 크게 놀랐으나 곧 매우 친절한 섬 남자에게 감탄했다. 남자의 동작은 눈에 띄게 아름답고 우아했다. 모든 것을 아주 자세히 구경하는 남자의 행동을 아무도 제지하지 않았다.

남자는 삭구며 돛, 돛대, 대포를 유심히 살폈다. 남자는 전혀 야만인 같지 않았고, 오히려 기술 문제에 각별히 관심이 있는 듯 보였다.

선원들은 벌거벗은 남자에게 재미 삼아 바지와 셔츠를 주었다. 하지만 남자는 그것을 어찌해야 할지 몰랐다. 또 선원들이 수프 한 접시와 숟가락을 건네주며 먹기를 권했지만 소용없는 일이었다. 이 모든 물건과 도구를 생전 처음 보는 것이 분명했다. 네덜란드인들은 이 우스꽝스럽게 보이는 사내를 매우 재미있어하며 그에게 여러 작은 선물을 건넸다. 남자는 선물을 가지고 조심스레 뭍으로 헤엄쳐 갔다.

예상대로 다음 날 배 위에 원주민들이 바글바글 모여들어 시끄럽게 떠들고

웃으며 도처에 얼굴을 들이밀었다. 하지만 즐거운 분위기가 뜻밖의 일로 완전히 뒤집혔다. 갑자기 한 사람이 물속으로 뛰어들었고 격노한 네덜란드인 한 무리가 그의 뒤를 따랐다. 모자와 식탁보를 가져간 원주민을 쫓아가기 위해서였다. 원주민들은 훔치려 한 것이 아니었다. 그들은 죽은 선조들이 선물을 주려고 낯선 이들을 보냈다고 생각했다.

그날 오후에 선원들이 뭍으로 향했다. 키가 크고 강건한 몸집의 사람들 수천 명이 해변에 서 있었는데, 그들은 선원들에게 호감을 지닌 듯 보였다. 과일과 호두와 닭을 내밀었고 무릎을 꿇기도 했으며 특히 로헤벤에게는 평화의 표시로 짐작되는 야자 가지를 가져왔다. 사람들은 온화하고 수줍고 겁이 많은 듯 보였지만 네덜란드인들은 섬의 환경도 원주민들도 썩 편하지 않았다. 원주민들의 피부에는 기묘한 형상의 문신이 새겨져 있었고 어깨까지 늘어진 귓불에는 몇 개의 하얀 나무토막 장식이 달려 있었다.

외딴 섬에는 볼 것이 많지 않았다. 하지만 인상적인 점이 몇 가지 있었는데, 해변 곳곳에 기이하고 괴상한 사람 모양의 석상이 서 있거나 누워 있는 것이었다. 로헤벤과 부하들은 그 석상을 '우상'이라 불렀지만 원주민들은 '모아이'라 불렀다. 수백 개는 되어 보이는 모아이는 사람 키만 한 것부터 높이가 몇 미터에 이르는 것까지 다양한 크기였다. 형태는 대부분 비슷했다. 검은 돌로 만들어진 석상은 두려움을 일으키며 조용히 서 있었다. 몇몇 석상은 눈을 동그랗게 뜨고 구경꾼을 응시하는 듯했는데, 마치 재앙이 돌로 화한 것 같은 모습이었다. 꽉 다문 입술은 완고해 보였고 대부분 바다를 내다보는 것이 아니라 등지고 서서 섬사람들을 응시하고 있는 것도 이상했다. 섬 전체가 수수께끼 같은 기운에 에워싸여 있었다. 사람들은 왜 돌로 이런 형상을 만들어 섬 곳곳으로 날랐을까? 분명 몇 킬로미터는 옮겼을 것이다. 어떤 도구를 써서 만들었을까? 무엇을 나타낸 것일까? 섬사람들의 선조일까 아니면 신들일까? 로헤벤 일행은 원주민 여럿이 모여 석상 앞에 불을 피우는 모습을 보았다. 머리가 발에 닿도록 조아렸다가 무릎을 꿇고 앉는 것을 보면 석상을 숭배하는 듯 보였다. 머리털이 없는 머리에 깃털 모자를 쓴 몇몇 사람은 사제인 듯했다. 그 밖에도 한층 더 놀라운 사실이 있었다.

"이 석상들은 너무나 놀랍군. 단단한 지렛대로 쓸 나무도 기구도 없이 어떻게 석상을 일으켜 세울 수 있었는지 도무지 이해가 안 가."

모아이를 자세히 살펴보면 세부적으로도 놀랍다. 코는 정교한 곡선을 이루고 콧구멍은 섬세하며 손의 자세는 신비롭고 배는 부드럽고 둥글게 튀어나와 있다.

로헤벤이 섬을 잠시 둘러보고 나서 말했다.

그때 네덜란드인들에게 예상 밖의 일이 벌어졌다. 섬 주민들 몇몇이 주먹만 한 크기의 돌멩이를 모아 네덜란드인들 앞에 위협적으로 쌓은 것이다. 수백 명의 남자들이 상대를 어떻게 생각해야 할지 모르는 채로 마주 보고 서서 서로를 노려봤다. 네덜란드인들은 갑자기 두려워졌다. 혹시 섬 주민들이 식인종일 위험은 없을까? 실제로 그럴 가능성이 있었다. 선원들이 원주민의 언어인 라파누이어를 알았더라면 그들이 일상적으로 내뱉는 욕설을 듣고 놀랐으리라.

"내 이빨 사이에는 네 어머니의 살코기가 끼어 있다!"

네덜란드인들은 신경이 매우 날카로워졌다. 그때 섬 주민 한 명이 네덜란드인의 머스킷총을 가져가려 했다. 그 순간 소총이 섬 주민들을 향해 일제히 발사됐다. 연기가 사라지자 선원들은 남자와 여자 몇 명이 해변에 쓰러져 죽어 있는 모습을 보았다. 그 가운데에는 맨 처음 배를 방문했던 유쾌한 사내도 있

야코프 로헤벤

1659년 2월 1일~1729년 1월 31일
법률가, 항해자, 연구자,
일명 이스트섬의 발견자이자 명명자

법학을 전공한 법률가로, 그의 아버지 역시 바다를 항해한 수학자이자 탐험가였다. 로헤벤은 서인도회사의 위임을 받아 전설적인 남방 대륙과 새로운 땅을 발견하기 위해 배 세 척과 함께 길을 떠났다. 이 항해 중 부활절에 '이스터섬'을 발견했다. 그의 여행은 태평양 측량과 지도 제작에 중요한 기여를 했다.

었다. 얼마나 끔찍한 일인가! 네덜란드인들은 이 돌발 사건이 몹시 부끄러웠다. 그렇게 하루를 머무른 뒤 다음 날 네덜란드인들은 섬의 이름과 수치스러운 기억을 뒤로하고 섬을 떠났다. 그들은 서쪽을 향해 항해를 계속했다. 선장의 짐 속에는 그 섬과 신비로운 주민들, 피와 살로 된 사람들뿐만 아니라 돌로 된 사람들에 대한 기록이 들어 있었다.

로헤벤의 항해 기록이 책으로 출간된 후 이 신비한 섬이 유럽에 알려지지만 사람들은 그토록 멀리 떨어진 곳으로 여행하는 일에 의미를 찾지 못했다. 그로부터 수십 년이 흐르고 나서야 유럽인들은 이스터섬에 발을 들여놓았다. 그 가운데 가장 유명한 이가 영국 선장이자 탐험가인 제임스 쿡이었다. 그는 대원들과 함께 1774년 3월 일주일 동안 섬에 체류했다. 제임스 쿡은 이 섬의 광경에 크게 놀랐다. 그도 대원들도 그보다 끔찍한 곳은 본 적이 없었다. 섬의 환경은 척박했으며 주민들은 너무도 가난하고 슬퍼 보였다. 석상들은 대부분 넘어져 있는 데다 머리 부분이 무언가에 부딪혀 잘려 있었다. 운 나쁜 우연한 사고로 벌어진 일 같아 보이진 않았다. 필시 뭔가 끔찍한 일이 일어난 듯했다. 물론 누가 또는 무엇이 그랬는지 짧은 체류 기간 동안 알아낼 수는 없었다. 건강이 나빠진 데다가 깨끗한 물도 없고 음식을 구할 방도도 없자 쿡 선장과 대원들은 서둘러 섬을 떠났다. 하지만 쿡 선장 일행이 고향으로 가져온 보고서와 놀라운 그림들은 인상적이고 매우 유익했다.

19세기 후반 학자들은 이스터섬을 고고학적으로도 연구하기 시작했다. 하지만 석상의 운명과 일찍이 이 석상을 만들었던 인간의 운명에 대한 질문에 명쾌한 답이 나타나기까지는 또다시 여러 해가 걸렸다. 바로 1955년 토르 헤위에르달이 섬에 발을 들여놓기까지 말이다. 헤위에르달은 무엇보다도 섬 주민의 기원을 연구하는 데 관심을 두었다. 그는 이스터섬을 포함해 태평양의 섬 주민들이 폴리네시아에서 왔다고 주장했던 당시 대다수 학자들과 달리 남아메리카에서 왔다는 이론을 피력했고 이에 관한 증거를 찾고자 했다. 그는 이곳 사람들이 흥미롭게도 남아메리카 원산인 감자를 먹는다는 사실을 확인했다. 그들은 수백 년 전 감자를 가져온 것일까? 석상 역시 관심을 끌었다. 석상도 그가 아메리카에서 본 것과 유사했기 때문이다. 헤위에르달은 사원의 기단, 즉 '아후'에서도 남아메리카 건축물과의 유사성이 발견된다고 보았다.

또한 헤위에르달은 채석장 겸 조각 작업장을 조사했다. 가장 큰 채석장은 사화산인 라노 라라쿠에 있었다. 시간이 멈춘 듯 보이는 으스스한 곳이었다. 거대한 분화구의 벽에는 여러 작업 단계를 보여주는 400여 개의 석상이 모여 있었다. 일부는 거칠게 잘려 있었고 일부는 싣기 직전의 모습이었다. 20미터는 족히 되어 보이는 것들이 가장 인상적이었는데 그것들은 아마도 옮기기에 너무 컸을 것이다. 바닥에는 돌로 된 곡괭이, 정, 망치 같은 석공의 도구가 여기저기 놓여 있었다. 석공이 잠시 휴식 중이라 생각해도 무방할 정도였다. 이 '휴식'이 수백 년 동안 이어지리라고, 또 돌아온 일꾼이 아무도 없으리라고 누가 짐작이 여러 학자들이 헤위에르달의 이론은 오늘날 반박되었다고 보지만, 어떤 이들은 그의 성찰을 지지한다. '최초의 이스터섬 이주자들은 진정 어디서 왔는가'라는 물음이 언젠가 해명될 수 있을까?

나 할 수 있었을까.

　로헤벤의 발견 이후 1888년부터 칠레에 속하게 된 이스터섬은 사람들의 환상에 날개를 달아주었다. 그곳은 세상에 존재하는 가장 신비로운 장소 가운데 하나였다. 여러 해가 지나고 나서야 비로소 고고학자들은 섬의 역사, 적어도 그 비밀의 일부를 밝히기 위한 지식을 충분히 모을 수 있었다. 물론 입증되지 않은 신화가 하나 있었다. 이스터섬이 가라앉은 대륙의 잔재라는 신화인데, 오늘날 사람들은 이곳이 약 2천 년 전 용암을 내뿜은 세 화산 덕택에 존재하는 섬임을 알고 있다.

　처음에 이곳은 낙원이었을 것이다. 야자나무들이 높이 자라는 이곳 태평양 한가운데에서 부족 조직을 꾸려 평화로운 삶을 오랫동안 영위했던 수천의 사람들에게 충분한 식량을 제공한 비옥한 곳이었으리라. 섬 주민들은 고도로 발전된 문화를 소유했고, 자신들만의 문자를 지니고 있어 쓰고 읽을 줄 알았다. 그렇지만 서기 1100년경 그들은 조직적으로 싸우기 시작했다. 거대한 석상은 그즈음에 생겨났다. 주민들은 인간과 신의 세계 사이의 결속을 나타내는 석상을 숭배했고, 자꾸만 더 큰 형상을 만들었다. 아마도 그렇게 함으로써 특별한 이득을 기대했을지도 모른다. 어쩌면 더 높은 명예를 누렸을지도 모른다. 아무튼 석상 제작은 결정적인 문제를 불러일으켰다. 채석장으로부터 예정된 곳으로 석상을 운반하여 세우기 위해서는 굴림대나 기중기, 레일로 쓸 나무가 필요했다. 그리하여 약 천만 그루의 나무가 베어졌다. 그 결과 나무뿌리가 단단히 잡고 있던 비옥한 토지가 비바람에 씻겨나갔다. 재앙이었다! 이제 이곳에는 무엇이 자라고 번성하기 어려워졌다. 주민 수는 약 100명까지 급속히 줄었다. 이 시

기에 아마도 식인 풍습이 섬에 퍼진 듯 보인다. 17세기 중반부터는 커다란 석상
이 더는 세워지지 않았고 이미 만들기 시작한 석상은 완성되지 않은 채 채석장
에 놓여 있게 되었다. 이후 석상들은 쓰러뜨려졌고, 석상이 서 있던 노대들은
조직적으로 파괴되었다.

남은 이야기

오늘날 이스터섬에는 약 3,500명의 주민이 살고 있는데, 대부분 기독교도다. 이스터섬은 라파누이 국립공원으로 유네스코 세계문화유산이며 지구상에서 가장 인상적인 고고학적 현장이다. 해마다 약 5만 명의 관광객이 이곳을 찾는데, 대부분 한때 1천여 개가 존재했던 신비로운 모아이에 이끌려서 온다. 오늘날은 약 890개가 남아 여전히 경탄의 대상이 되고 있다. 민족학자와 고고학자들은 석상과 석상의 제작자에 대해, 일찍이 로헤벤이 발견하고 그 비밀이 오늘날까지도 완전히 밝혀지지 않은 이 섬의 비극적 역사에 대해 연구를 계속할 것이다. 로헤벤과 쿡을 비롯해 여러 탐험가가 발견하기를 희망하며 항해를 나섰던 남방 대륙은 비록 아름다운 꿈으로 머물렀지만 로헤벤은 그 대신 다른 것을 성취했다. 로헤벤은 많은 섬들을 발견했고, 그의 여행은 태평양에 관한 정보를 얻고 지도를 제작하는 데 중요한 기여를 했다.

이스터섬의 모아이 석상들.

고대 올림피아 경기장
챈들러, 진흙 속에 파묻힌 경기장을 발굴하다

1764년 런던의 독설가들은 '딜레탄티 협회' 회원들을 술병의 코르크 마개나 따고 고대 예술이나 즐기는 사교 모임을 중시하는 사람들이라고 말했다. 협회의 회장이자 공동 설립자는 런던에서 특히 방탕아라는 명성을 누리고 있었다.

리처드 챈들러Richard Chandler는 다른 사람들과 달리 런던 사교계의 평판 나쁜 신사들을 그다지 부정적으로 보지 않았다. 바로 이 딜레탄티 협회가 스물여섯 살의 고고학자였던 그에게 동방의 여러 지역과 그리스, 소아시아를 여행하는 데 상당히 많은 비용을 대주었기 때문이다. 여행의 목적은 그 지역의 정보와 그곳에 소재하는 고대의 기념물들을 수집하는 것이었다. 또한 그는 '그곳들의 과거와 현재 상황에 대한 최고의 소개'가 되도록 관찰한 것을 기록해야 했다.

리처드 챈들러는 런던 사교계에서 자신이 존중받는다는 느낌을 받았다. 이 집단에는 미치광이뿐만 아니라 교양 있는 남자들도 있었다. 그들은 고대와 고대 미술에 대한 사랑 하나로 한데 묶여 있었다. 그리고 과거를 새롭게 인식하는 작업을 딱히 명예로운 일로 여기지 않으면서도 그것을 위해서는 비용이 얼마가 들든 두려워하지 않았다. 챈들러 역시 고대와 고대의 예술적 유산이 자신의 주된 관심사라 선언했고 그것을 연구하기를 열망했다. 비록 아주 젊은 나이였지만 그는 이미 진지하게 받아들여지는 고고학자였고 때마침 꽤 주목받는 저서를 출간해 협회 회원들 사이에서 회자되었다. '즐기다, 향유하다'라는 뜻의 이탈리아어 딜레타레*dilettare*에서 유래한 이름에서 이미 이들이 전문가가 아니라 즐거움과 관심 때문에 활동했음을 알 수 있다. 당시 귀족들은 비전문가 입장에서 미술이라든가 고대 연구에 '딜레탄트하게' 열중하는 것이 통례였다.

딜레탄티 협회는 무엇보다도 고대 예술에 관심을 가졌고 기부금으로 고고학 탐사의 자금을 조달했다.

청년 고고학자 챈들러는 계약서에 서명한 뒤 잠시도 지체하지 않고 건축가이자 소묘 솜씨가 뛰어난 니컬러스 레베트와 레베트 못지않게 재능 있는 청년 화가 윌리엄 파스와 함께 앙글리카나호에 승선했다. 지브롤터 해협을 통과하고 지중해를 거쳐 소아시아 해안까지 항해하기 위해서였다. 세 사람은 답사를 나가 부근 지역을 자세히 탐색하며 가능하면 각명[I]을 비롯해 사라졌다고 믿었던 것, 또는 완전히 미지의 것을 발견할 생각이었다. 그들은 후에 영국에서 딜레탄티 협회 회원들을 비롯해 관심을 가진 사람들이 그 지역의 모든 것을 눈으로 보듯 그려볼 수 있도록 발견한 것을 그림으로 묘사해야 했다. 탐사에 참여한 세 사람 모두 해마다 상당히 큰 액수의 돈을 받기로 합의한 상태였다. 딜레탄티 협회는 탐사 여행의 기간을 한정하지 않았다. 의미 있는 발굴물을 가져

I 나무나 돌, 쇠붙이 등에 글자나 그림을 새기는 일 또는 그 글자나 그림.

오는 데 시간이 얼마나 걸릴지에 대한 판단을 고고학자에게 맡긴 것이었다. 대단한 일이었다! 이제 모험을 시작할 수 있었다. 탐사대 책임자는 리처드 챈들러였다.

처음 몇 달 동안 챈들러와 두 동료는 놀라움과 경외심, 기쁨으로 충만한 체험과 만남을 경험했다. 그들은 바다의 괴물들, 혹은 그렇다고 여긴 것들을 관찰하고, 카멜레온을 보고 놀랐으며, 고대 그리스와 로마의 각명들을 해독하고 풍경과 마을들을 글과 그림으로 담았다. 그들은 터키와 그리스의 손님 대접에 즐겁게 응했으며, 동굴 탐사에서 엄청난 박쥐 똥 때문에 질식할 정도로 괴로워하기도 했다. 생전 처음 보는 과일과 요리를 맛보았고, 치명적인 전염병인 페스트에서 살아남기도 했으며, 책상다리를 하고 앉아 식사하는 것에 익숙해졌고, 낯선 풍속인 낮잠을 좋아하게 됐다. 챈들러는 처음 만난 터키인들을 기록했으며, 그리스 소녀들의 짧은 치마에 열광했고, 사람 눈에 띄지 않게 집에 있으면서 밖으로 나올 일이 있으면 얼굴을 가리고 나오는 터키 여인들을 이상하게 여겼다. 낯선 땅에 사는 사람들은 놀랄 거리를 거듭거듭 제공해주었다.

"우리는 그들에게 저장식품과 사탕, 파이프와 커피를 주었다. 그들은 매우 만족한 듯 보였다. 다만 우리가 쓰는 의자는 불편해했다. 그들은 의자에 앉아 다리를 접어 올리거나 바닥에 웅크리고 앉았다."

챈들러는 딜레탄티 협회가 자신의 설명을 얼마나 흥미롭게 받아들일지 내심 잘 알고 있었다. 그러나 이 모든 새롭고 낯선 것들에 감격하는 와중에도 결코 잊어서는 안 되는 것이 있었다. 신사들이 돈을 대주는 대신 기이한 풍속과 관습의 묘사뿐만 아니라 놀라운 발견을 기대하고 있다는 점이었다. 챈들러 자신도 고고학적으로 중요한 가치가 있는 무언가를 발견하고 싶었다!

챈들러 일행이 스미르나에서 아테네를 거쳐 펠로폰네소스를 향해 여행하던 어느 날 물라라는 이름의 터키인이 근처에 있는 알페이오스강 골짜기에서 폐허를 본 적이 있다는 말을 했다. 그 말을 들은 챈들러는 곧바로 흥분하지는 않았다. 그곳은 2천 년이 넘는 세월 동안 처음에는 그리스에, 나중에는 거대 로마제국에 속해 있었기에 고대의 유적이 많은 지역이었기 때문이다. 성벽과 기둥의 잔해가 도처에 널려 있어 건축 자재로 인기가 있을 정도였다. 마을 주민들은 집 지을 돌이 필요하거나 대리석을 태워 얻을 수 있는 석회가 필요하면 여기저기서 주워다 쓰곤 했다.

하지만 물라가 묘사하는 폐허의 모습을 귀담아들은 챈들러는 그곳이 매우 특별한 장소인 고대 올림피아일 것이라 추측했다. 챈들러는 15세기 르네상스 시대에 재발견된 고대 그리스 작가 파우사니아스의 저서들에서 실마리를 얻었다. 파우사니아스는 그리스를 묘사하면서 제우스 사원이 있는 성스러운 장소 올림피아를 비롯해 많은 것을 언급했다. 그러나 이곳이 어디에 있는지에 대한 설명은 없었다. 물론 챈들러는 한때 이곳에서 열렸다고 전해지는 올림픽 경기에 관한 이야기를 몇 편 읽은 적이 있었다. 고대에 여러 운동 경기가 존재했다고 알려져 있었는데, 올림피아에서 열리는 경기는 아주 특별했을 것이 틀림없었다. 여기서 승리를 쟁취한 선수는 고향에서 영웅으로 대접받았다. 사람들이 챈들러에게 이 경기들이 어떻게 진행되었는지 설명해달라고 하면 챈들러는 난감함을 감추지 못했을 것이다. 그 정도로 웅장한 스포츠 대전을 도저히 상상할 수 없었기 때문이다. 챈들러가 살던 시대에는 이와 비교할 만한 것이 없었다. 과연 어떤 종류의 경기가 열렸을까? 얼마나 많은 선수가 참가했을까? 선수들은 어디서 자고 어디서 몸을 씻었을까? 그가 아는 것이라고는 올림피아

고대의 스포츠

고대 올림픽 게임 경기장인 올림피아를 처음 보면 누구든 놀라지 않을 수 없다. 중앙에는 거대한 신전이 서 있는데, 과거의 경기는 제례 행위였고, 신들의 아버지 제우스에 대한 예배의 일부였기 때문이다. 올림피아에서 달리거나 원반을 던지거나 또는 다른 종목에서 기량을 겨루는 모든 선수는 가장 높은 그리스 신에게 경의를 표하며 경기를 했다. 그 밖에도 오늘날과 다른 점은, 당시 모토가 "이기기 위해 참가하라!"였다는 것, 경기는 오로지 부자와 남자들의 전유물이었다는 것이다. 경기는 기원전 1000년까지 거슬러 올라가며 기원후 4세기까지 개최되었다. 올림픽 경기는 고대 그리스에서 햇수가 아니라 경기와 경기 사이의 4년간을 말하는 '올림피아기'가 시간의 단위로 사용될 정도로 인기가 높았다.

의 제우스 상에 경의를 표하기 위해 경기가 열렸고 이를 위해 그리스인들이 4년마다 지중해권 전역에서 모여들었으며 경기가 열리는 시기에는 선수들의 안전한 출발과 도착을 보장하기 위해, '올림픽 평화'를 위해, 전쟁을 중단했다는 사실이었다.

매우 특별한 이 장소를 챈들러가 크게 기대한 데에는 그만한 이유가 있었다. 올림피아는 1,000년 이상 그리스에서 가장 중요한 장소 가운데 하나였기 때문이다. 고대의 가장 유명한 경기장을 발견했다는

소식으로 딜레탄티 협회를 기쁘게 할 수 있다면 참으로 굉장한 일이리라!

이튿날 동이 틀 무렵 일행은 터키인이 알려준 길로 출발했다. 훗날 챈들러는 이렇게 썼다.

챈들러가 잔해를 발견한 올림피아의 제우스 신전은 옛날 고대에서 가장 크고 중요한 신전 가운데 하나였다. '도리스 양식'은 기둥에 깊은 세로 홈들이 파여 있으며 기둥머리는 거대한 돌 방석처럼 보인다.

"그날 저녁 우리가 마주한 폐허는 커다란 신전의 벽이었다. 돌은 모두 손상되어 있었다. 남아 있는 거대한 기둥머리 하나에서 이 건물이 도리스 양식이었음을 추정할 수 있었다. 그 앞 조금 떨어진 곳에 벽돌 파편들이 있는 깊은 웅덩이가 있었는데, 경기장이었다고 짐작됐다."

이 대단한 장소에 남은 것은 이것뿐인가? 의심할 여지 없이 올림피아라 할 수 있는 폐허를 보았을 때 챈들러는 크게 실망했다. 이 장소는 그가 딜레탄티 협회에게 전한 소식을 보면 알 수 있듯 다소 경멸 어린 설명 외에 딱히 별다른 것이 없었다. 조각상 등 귀중한 발굴물은 손쉽게 얻을 수 있는 것이 아니었다. 당시 챈들러가 알지 못했던 사실이 있었다. 로마 황제 테오도시우스가 서기 394년 올림픽 경기를 금지한 뒤 경기장이 황폐해졌다는 점이다. 그 후 100여 년 이 더 지나고 나서 지진이 이 지역을 뒤흔들며 파괴했을 때 올림피아의 마지막 주민들은 고향을 떠나 다시는 돌아오지 않았다. 촌락과 경기장은 알페이오스 강 기슭의 진흙 속으로 점점 더 가라앉았고 유적은 최소 1미터 두께의 흙 아래 에 묻히고 말았다.

어쨌든 챈들러가 이룬 성과는 발굴이 아니라 발견과 자신이 본 것을 설명한 데 있다고 할 수 있다. 딜레탄티 협회는 챈들러가 돌아오고 나서 대단히 만족 해하며 그의 보고서를 출간했고, 이 책은 출간 즉시 큰 주목을 받았다. 올림피 아는 그때부터 발견된 것으로 간주되며 이 대성공으로 챈들러의 이름은 역사 에 영원히 남게 되었다.

그로부터 여러 해 뒤 베를린의 고고학자 에른스트 쿠르티우스Ernst Curtius는 2세기에 나온 파우사니아스의 유명한 그리스 안내서와 그보다 훨씬 나중에 나 온 챈들러의 여행 보고서를 읽고 한층 고무되어 1838년, 그러니까 챈들러의 탐 사 여행으로부터 약 80년 뒤에 직접 올림피아로 여행을 떠났다. 베를린으로 돌 아온 그는 1852년 강연에서 감격에 가득 차 전설적인 보물에 대해 열변을 토했 다. 그 장소 깊은 곳에 보물이 숨어 있으리라는 것이었다. 과연 그의 말이 맞을 지! 그때 청중 가운데에는 프리드리히 빌헬름 4세가 있었다. 왕은 감동하여 독

일 제국과 그리스 정부 간에 발굴 계약을 체결하고자 노력했다. 전쟁이라는 불안한 상황으로 독일 고고학자가 첫 삽을 뜨기까지는 23년을 더 기다려야 했지만 그 후로

고전 고고학에 대한 쿠르티 우스의 지대한 공헌은 올림 피아의 발굴을 이끌고 발굴 성과를 발표한 것이다.

는 6년 사이에 적어도 1미터 깊이에 매몰되어 있던 유물 1만 4천여 점이 발굴된다. 그중엔 거대한 올림피아의 제우스 신전과 보물창고, 격투사 양성소와 고전 후기의 대표적 조각가 프락시텔레스의 유명한 헤르메스 입상이 있었다. 오늘날까지도 발굴은 끝나지 않았다. 아직도 올림피아에서 조사가 이루어지고 있으며 여전히 새로운 것이 발견된다. 올림피아만큼 많은 글을 쓰게 한 발굴지는 없다.

남은 이야기

리처드 챈들러는 비록 바다까지 파헤쳐볼 기회는 갖지 못했으나 오늘날까지 올림피아를 발견한 사람으로 여겨진다. 그가 1766년 풍부한 학문적 소득과 함께 영국으로 돌아오자 딜레탄티 협회는 매우 기뻐했다. 그의 여행기가 책으로 출간된 뒤 여러 나라에서 수많은 열광적 독자들이 나타났다. 사실 챈들러는 고고학자들 사이에서는 올림피아 발견자보다는 각명과 예술 연구로 더 유명했다. 고고학자이자 설교자였던 리처드 챈들러는 1810년 72세의 나이로 영국 버크셔에서 세상을 떴다. 챈들러 사후 수십 년이 지나서야 비로소 올림피아의 첫 발굴이 시작되었지만 고고학자들은 경기장보다는 조각상과 신전에 더 관심을 보였다. 예전에는 스포츠가 오늘날처럼 인기 있지 않았기 때문이다. 다행히 상황은 변했다! 오늘날 사람들은 '올림피아'라는 말을 들으면 이 이름을 지닌 고대의 장소라든가 거의 잊힌 발견자 리처드 챈들러를 떠올리기보다는 4년마다 열리는 근대 올림픽 경기를 생각한다. 고대 경기가 종말을 맞은 후 약 1,500년간의 휴식기가 지나고 1896년 올림픽 축제가 다시 개최되었다.

고대 그리스 올림피아의 경기장 터.

사막의 암벽 도시 페트라
부르크하르트, 아랍인으로 변장하다

1812년 요한 루트비히 부르크하르트Johann Ludwig Burckhardt는 요르단 사내 한 명과 함께 며칠 밤낮을 보낼 계획이었다. 허리띠에 굽은 단도를 차고 어두운 눈초리를 한 검은 눈의 사내는 믿음직한 인상이 아니었다. 그렇지만 젊은 스위스인은 별 도리가 없었다. 어떤 베두인이 알려준, 와디 무사 계곡 한복판에 있는 불가사의한 도시에 가려면 안내자의 도움이 반드시 필요했다.

와디 무사는 강물이 고갈된 하천 바닥으로, 성경의 모세가 이곳 바위에서 물이 솟아나게 했다고 하여 모세의 골짜기라고도 불린다.

부르크하르트는 자신이 가려는 수수께끼의 장소가 고대 문헌들이 바위, 즉 페트라라 부르며 그 불가해한 아름다움을 기리는 바로 그 도시이기를 남몰래 바랐다. 이곳에 정착한 유목민 부족 나바테아인들이 옛날 이곳을 왕국의 수도로 삼았다고 한다. 더 자세한 것은 알지 못했다. 500년도 더 전인 십자군 시대 이후 이곳을 본 유럽인은 아무도 없기 때문이었다. 어쩌면 부르크하르트가 그곳을 보는 최초의 유럽인이 될지도 몰랐다.

그는 요르단 사내에게 자신을 셰흐[I] 이브라힘 이븐 압달라라고 소개했다. 그가 원주민이 아니라는 사실을 알아차리려면 세심한 관찰이 필요했다. 피부는 햇볕에 검게 그을렸고 수염은 길었으며 모직으로 된 겉옷과 터번, 헐렁한 반바지, 샌들은 모두 먼지투성이였다. 게다가 거의 흠잡을 데 없는 아랍어를 구사했다. 악센트가 가볍고 때에 따라 그 지방 관습에 서툰 까닭을 그는 자신이 인도에서 온 상인이라 그렇다고 설명했다.

요한 루트비히 부르크하르트는 부유한 스위스인의 아들로 아버지는 바젤에서 비단 리본을 만들어 자산을 모았다. 1806년 젊은 법학도는 프랑스 혁명의 혼란으로 말미암아 런던으로 가게 되었다. 그는 런던에서 외교 관련 일을 하고 싶었으나 마음대로 되지 않았다. 완전히 빈털터리가 된 그는 런던에 온 지 2년째 되던 해에 인도와 아프리카, 근동 탐험에서 돌아온 몇몇 탐험가들을 우연히 만났다. 부르크하르트는 홀린 듯이 그들의 이야기에 귀를 기울였다. 아프리카 협회의 후원으로 떠나는 그 탐험은 신명나는 일일 듯싶었다. 런던의 부유한 신사들로 구성된 협회가 선언한 목적은 아프리카의 아직 탐사되지 않은 지역을 여행하는 것이었다. 젊은 스위스인은 일생일대의 기회를 얻었다. 카이로에서 출발해 아프리카에 도착한 뒤 검은 대륙의 보물에 이르는 통로를 발견하고, 가능한 수로인 나이저강에 관한 정보를 구하며, 무엇보다도 새로운 교역로를 탐색하라는 비밀 임무였다. 이 여행은 팀북투까지 나아갈 터였다. 팀북투는 믿을 수 없을 정도로 엄청난 규모의 금광이 있다는 소문의 도시로, 꿈에서나 바랄

I 부족의 원로, 수장, 숭배하는 현인, 이슬람 지식인을 의미하는 아랍어 존칭.

페잔 대상은 사하라 사막을 횡단하는 여행자들을 안내했는데 이는 비정기적으로 행해졌다. 위험한 전염병이 퍼지면 때로는 여러 해 동안 꾸려지지 않았다.

만한 교역 상대였다. 이 목적을 위해 그는 대규모 페잔[I] 대상과 합류한 뒤 카이로에서 출발해 거의 전 대륙을 횡단할 예정이었다.

협회는 이런 여행이 수반하는 위험을 매우 잘 알고 있었다. 재정적 이유에서 협회는 언제나 한 번에 남자 한 명만을 파견할 수밖에 없었는데 사실 부르크하르트보다 앞서 떠난 사람들 가운데 살아서 돌아온 사람은 아무도 없었다. 따라서 협회는 여행자에게 엄청난 액수의 급료를 주었을 뿐만 아니라 피후견인이 여행을 잘 준비하도록 치밀하게 관리했다. 그들은 부르크하르트를 우선 케임브리지 대학에 보내 여행에 필요한 화학과 천문학, 광물학과 의학 지식을 습득하게 했다. 부르크하르트는 속성으로 아랍어를 배우고 무슬림 풍속과 관습과 기도 수업을 받았다.

1809년 2월 14일 마침내 때가 되었다. 부르크하르트는 영국에서 몰타를 거쳐 동방에 도착할 배에 올랐다. 같은 해 6월 그는 셰흐 이브라힘이라는 이름으로 육지에 발을 디뎠고 대상과 함께 알레포까지 여행을 계속했다. 알레포는 약동하는 도시였다! 그는 알레포에서 모든 감각을 동원해 동방에 빠져들었고 새로운 정체성을 지니게 되었다. 이렇게 되기까지 고스란히 3년이 걸렸다. 여행이 길어지면서 그의 아랍어 실력은 완벽할 정도로 좋아졌다. 그는 베두인과 함께 살았으며 그들의 풍습과 관습을 탐구했고 이슬람의 신학적·법률적 기초를 익혔다. 또 코란을 공부하여 해가 지남에 따라 인정받는 율법학자로 자리매김했

I 페잔은 리비아 남서부에 위치한 지역으로, 중심 도시는 세바이며 서쪽으로는 알제리, 남쪽으로는 니제르, 차드와 접한다.

다. 그러면서도 그는 위장이 폭로되리라는 불안에 끊임없이 시달렸다. 그래서 괜한 의심을 사거나 사람들의 탐욕을 불러일으키지 않도록 가장 소박한 옷을 입고 맨발로 여행했다.

어학 능력을 완벽하게 끌어올리기 위해 부르크하르트는 대니얼 디포가 쓴 모험 소설 『로빈슨 크루소』를 영어에서 아랍어로 번역했다. 이 소설은 한 남자가 난파를 당해 외딴 섬에서 여러 해를 보내는 이야기다.

"얄라, 얄라.(빨리, 빨리)"

동행의 재촉에 부르크하르트는 정신을 차렸다.

요르단 사내는 부르크하르트가 셰흐 이브라힘 이븐 압달라로 변장한 모습과 정체성을 신뢰할까? 만약 부르크하르트가 '프랑크인', 즉 기독교인임을 들킨다면 그 순간 젊은 스위스인은 목숨을 염려해야 할 것이었다. 베두인의 눈으로 보면 그는 '이교도'일 테니까. 이교도라는 사실이 탄로 나는 것은 손바닥을 뒤집듯 쉬운 일이었다. 식사 전에 알라에게 감사 기도를 잊어버린다거나 수첩을 꺼내는 행동만으로도 정체가 드러날 수 있었다. 글 쓰는 능력은 불가피하게 그가 유럽인임을 노출시킬 터였다.

원주민들은 이방인을 극히 불신했다. 이방인들이 보물을 빼앗고 땅을 내놓으라고 요구할까 봐 두려웠기 때문이다. 그리고 그 느낌은 틀리지 않았다. 요르단은 1923년 영국 보호령이 되었다.

게다가 보물 찾는 사람이라는 의심을 일으키지 않으려면 고대의 유물 같은 것에 과도한 관심을 보이지 말아야 했다.

그는 알레포에서 카이로 방향으로 갈 때 해안을 따라서 가지 않고 일부러 내륙으로 가는 길을 택했다. 전설적인 도시 페트라를 찾기 위해서였다. 알레포의 영국 대사에게 어디 들렀다 갈 거라고 알리긴 했는데 협회 사람들에게 그 소식은 언제 전해질까? 그는 존경할 만한 신사들이 앞선 탐험가들의 경우처럼 이 외딴 곳에서 자신의 시신을 찾아야 하는 일이 벌어지지 않기를 진심으로 기도했다. 그래서 그는 변장만을 믿기보다는 안내자에게 진지한 얼굴로 설명했다. 이곳 아주 가까이에 구약 성서 속 모세의 형인 아론의 묘가 있다는 이야기를 들었는데 그 묘를 찾겠다는 서원을 했다고. 그러면서 데리고 간 매에매에 우는 작은 염소를 가리키며 묘지에 바칠 제물이라고 말했다.

그와 동행은 출발했다. 얼마 후 멀리 자발 하룬, 즉 아론의 산이 시야에 들어오자마자 의심 많은 베두인은 부르크하르트에게 염소를 죽이라고 지시했다. 부르크하르트는 아니라고, 다른 곳에서 바치기보다 직접 묘에 가서 제물을 바치면 아론이 더 좋아했다고 대답했다. 베두인은 퉁명스럽게 바라보았지만 인도에서 온 신심 깊은 상인의 소원을 들어주는 수밖에 달리 방법이 없다는 표정이었다. 그는 혀 차는 소리를 내어 말을 전속력으로 달리게 했다.

이윽고 주변의 암벽들이 점점 더 높아졌다. 그러다가 갑자기 눈앞에서 붉은 사암 바위산이 둘로 갈라졌다. 도시에서는 전혀 볼 수 없는 광경이었다. 베두인은 1초도 망설이지 않고 시크(베두인은 이 협곡을 그렇게 불렀다) 안으로 말을 몰았다.

누르스름한 암벽을 따라 몇백 미터 채 가지 않아 기이하게 잘린 바윗덩어리 세 개가 부르크하르트의 관심을 사로잡았다. 분명히 인간의 손으로 만들어졌으리라 짐작되는 바윗덩어리들은 작은 사원처럼 보였다. 두 남자는 천천히 말을 몰아 협곡 속으로 더 깊이 들어갔다. 부르크하르트는 주의 깊게 주위를 둘러봤다. 한쪽 벽면에는 옛날에 제물을 놓았을 봉헌 제단이 여러 개 있었다. 또 말 그림으로 장식된 암벽도 있었다. 좌우로 가파른 암벽이 약 70미터 높이로 솟아 있었고 몇몇 곳은 갈라진 암벽이 바싹 붙어 있어 머리 위로 하늘이 보이지 않을 정도였다. 자연이 보여주는 놀라운 광경이었다! 두 사람이 말할 때마다 암벽이 되던져주는 메아리를 제외하면 쥐죽은 듯 고요했다.

돌연 계곡이 좁아졌다. 아름답게 장식된 문이 나 있는 일종의 궁전이 이곳 암벽에 만들어져 있었다. 조금 더 가자 특이한 장식이 있는 몇몇 다른 문들이 나타났다. 부르크하르트는 자꾸만 걸음을 멈추고 말에서 내려 동굴 방으로 들어갔다. 그는 이 모든 것을 다 눈에 담으려 애썼다. 후에 동행의 엄중한 시선에서 벗어나면 상세하게 기록할 생각이었다. 그들은 한 시간 동안이나 말을 타고 시크를 통과했다. 어둡고 좁은 골짜기가 넓게 열리고 두 사람은 햇살이 가득한

광장에 들어섰다. 번쩍번쩍 빛나는 빛에 그들은 순간 눈이 멀었다. 이내 눈부신 빛에 익숙해지자 믿을 수 없는 광경이 눈에 들어왔다. 웅장하게 장식이 된 거대한 건물이 햇빛 속에서 붉게 빛을 발하고 있었다.

그들 앞에 난데없이 나타난, 믿을 수 없을 정도로 아름다운 건물! 동행한 베두인은 그 건물을 알카즈네Al Khazneh 즉 '파라오의 보물창고'라 불렀다. 건물의 정면은 부르크하르트가 이제껏 본 것 중 가장 웅대했으며, 이 잊힌 세계 한복판에 있어 더욱 매혹적이고 신비스럽게 보였다. 호화로운 궁전의 일부처럼 보이는 이 건물은 붉은 사암 암벽을 깎아 만들어졌고, 2층으로 되어 있었으며, 기둥과 합각머리, 조각상과 원형 사원이 있었다.

모세는 이스라엘 백성과 함께 이집트에서 도망하던 중 이곳에 머물렀다고 한다. 파라오는 개인적으로 '파라오의 보물창고'를 세웠다고 한다. 이 이름은 웅장한 건물 꼭대기에 유골 단지가 장식되어 있기 때문인데 그 안에는 보물이 숨겨져 있었다고 하기도 하고 아무것도 없었다는 이야기도 있다.

부르크하르트는 말에서 내려 건물 안으로 들어갔다. 가까이서 바라보니 2층으로 보이던 것은 눈속임이었다. 실제로는 1층의 한 개 공간으로만 이루어져 있었다. 아무 장식 없는 단 하나의 공간을 위해 정면을 그렇게 호화롭게 꾸미다니. 부르크하르트는 건물에 매혹되어 눈을 떼지 못했다. 결국 베두인이 그를 재촉했다. 아론의 산까지 가려면 서둘러야 했다.

부르크하르트는 거대한 산협을 지나며 더 많은 건물들을 만났다. 그러나 그 건물들은 '파라오의 보물창고'만큼 훌륭하진 않았다. 우뚝 선 기둥들, 암벽을 깎아 만든 극장, 계단, 신성한 장소들을 비롯해 많은 것을 보았다. 마침내 자발 하룬에 이른 그들은 말을 묶어놓고 걸어서 산을 올랐다. 높이 오르면 오를수록 이 둘도 없는 도시의 장관이 뚜렷해졌다. 암벽에 숨은 골짜기 한가운데에 있어 발견하기도 어려운 난공불락의 장소였다.

아름답고 웅장한 페트라

오늘날 알려진 바에 따르면, 후일 페트라로 불리는 나바투의 유목 부족인 나바테아인은 아라비아반도에서 활약했으며, 기원전 6세기 무렵 오늘날의 요르단 남부에 정착했다고 한다. 그들이 도시를 건설한 곳에는 여러 교역로가 교차했고 그 길로 향이나 향신료, 천과 같은 당시 세계에서 가장 값진 물건들이 운반되었다. 이곳에서 무역을 하는 사람은 짧은 시일에 많은 수익을 낼 수 있었다. 화려하게 장식된 건축물이 수백 개에 이르는 도시 페트라는 사실상 단 몇십 년 만에 생겨나 찬란한 꽃을 피웠다. 서기 106년 로마인들은 나바테아 왕국을 정복하여 왕국을 로마의 속주 '아라비아 페트라에야'로 만들었다. 페트라는 더 이상 수도가 아니었다. 관리와 유지에 너무 많은 비용이 들었기 때문이다. 그리하여 페트라는 시간이 갈수록 중요하게 여겨지지 않았다.

산 위에 이르자 부르크하르트는 아론을 위해 가져왔다고 말한 작은 염소의 목숨을 어쩔 수 없이 빼앗아야 했다.

와디 무사에서 굉장한 발견을 한 뒤 부르크하르트는 상인 무리와 함께 곧바로 카이로로 가는 길에 올랐다. 페트라로 우회한 결정은 넉넉한 보답을 받았지만 귀중한 시간을 대가로 치러야 했다. 그도 알고 있던 바였다. 실제로 그는 너무 늦게 도착했다. 늦가을에 400킬로미터 이상 떨어진 카이로에 도착했을 때 그가 나이저강까지 함께 가려고 했던 폐잔 대상은 이미 자기들끼리 떠난 뒤였다. 다음 대상은 1년을 기다려야 올 터였다. 부르크하르트는 카이로에 머물기로 결정했다.

그는 남은 시간에 주변 곳곳으로 크고 작은 탐험에 나섰다. 1813년에는 나일강을 따라 여행하던 도중 모래 속에 묻혀 있던 아부심벨 신전을 발견했고, 누비아 사막을 횡단했으며, 1년 뒤에는 메카와 메디나로 성지 순례를 떠났다. 그 뒤 심한 발열과 이질로 석 달간 메디나에서 머물며 병상에 누워 있었다. 1815년 중반 카이로에 돌아와 대상을 기다렸는데 또 한 달 날짜가 지체되었다. 그동안 그는 시나이산에 있는 성녀 카타리나 수도원을 방문하고 조반니 벨초니가 람세스 2세의 초대형 두상을 테베의 멤논 신전으로부터 런던으로 운반하는 일을 도왔다. 그와 병행하여 기록을 정리하고, 불안정한 이집트에서 일어나는 프랑스인과 영국인 사이의 다툼에 대해 협회에 정기적으로 보고하면서 기다렸다.

그러나 얼마 후 부르크하르트는 나일강에서 나이저강까지 사막을 횡단하는 원래 임무를 실현할 수 없게 되었다. 다시 병이 들었고 1817년 10월 15일 불과 32세의 나이로 장염에 패배하고 만 것이다. 그로부터 며칠 뒤 부르크하르트가 4년 동안 기다렸던 대상이 팀북투 방향으로 출발했다.

이 용감한 연구자의 무덤은 카이로 구도시에 있는 오래된 시문 밥 알나스르 근처 아랍인 묘지에 있다.

요한 루트비히 부르크하르트

1784년 11월 25일~1817년 10월 15일
법률가, 동방여행자,
일명 나바테아 왕국의 수도 페트라의 발견자

아프리카 협회는 새로운 교역로를 발견하고 나이저강을 탐사하게 할 목적으로 이 스위스인을 동방에 보냈다. 그는 비록 나이저강에 이르지 못했지만 대신 카이로로 가는 길에 옛 나바테아 왕국의 수도 페트라를 발견했다. 그는 죽은 뒤 카이로에 묻혔다. 그리고 협회와 케임브리지 대학교에 자신의 기록이 담긴 350권의 공책을 남겼다.

남은 이야기

요한 루트비히 부르크하르트라는 이름은 무엇보다 나바테아 왕국의 도시를 발견한 일로 가장 널리 알려져 있다. 그가 죽고 나서 몇 년 뒤 그의 일기가 책으로 출간되었다. 19세기 독자들은 이 목격담을 통해 처음으로 동방에 관한 명료한 상을 가질 수 있었다.

자신이 발견한 곳이 옛 나바테아 왕국의 도시 페트라일 거라는 부르크하르트의 추측은 그의 사후 1년 뒤 유럽 학자들에 의해 사실임이 확인되었다. 1818년 최초의 고고학자가 페트라에 간 이래 그곳을 찾는 학자들의 발길이 끊이지 않았다. 발굴과 연구에도 불구하고 한때 4만 명의 인구가 거주했고 약 1제곱킬로미터 넘는 범위로 와디 무사 산협에 뻗쳐 있던 이곳은 그 수수께끼를 아직도 완전히 털어놓지 않았다. 예를 들어 총 628기의 무덤은 오늘날까지 그중 아직 열 군데도 채 연구되지 않았다.

많은 것이 수백 년을 가지 못했고, 한때 분명히 존재했던 많은 주거지들이 흔적을 찾아볼 수 없게 되었다. 그 결과 치명적인 오류가 생겼다. 사람들은 오랫동안 이 도시가 순전히 네크로폴리스, 즉 매장지였다고 믿었다.

1812년 부르크하르트가 이 도시를 오랜 잠에서 깨우기 전까지 페트라는 서구 세계에게 완전히 잊혀 있었다. 1985년 페트라는 유네스코 세계문화유산이 되었고, 해마다 전 세계에서 찾아온 수만 명의 여행객을 매혹시킨다.

요르단 남부에 위치한 페트라 알 카즈네 신전의 입구.

수많은 왕들이 잠든 계곡
벨초니, 파라오의 무덤을 찾다

1814년 여름의 몰타. 여윈 이집트인 옆에서 키가 2미터인 35세의 거인이 우렁찬 목소리로 이집트인을 설득하고 있었다. 이집트인은 거구의 상대가 무슨 이야기를 하는지 겨우 이해할 수 있었다. 수차의 도움을 받아서 어떻게 나일강 옆 땅에 물을 댈 수 있었는지 설명하면서 조반니 바티스타 벨초니Giovanni Battista Belzoni 자신이 그런 기계를 만들 수 있다고 말하는 듯했다.

이집트 당국은 유럽의 현대적 성과들을 나일강 유역 땅에 적용하려는 시도를 했다. 이집트는 유럽에서 온 유능한 사람들을 만나 그들의 지식을 묻고 싶어 했다.

그런 기계가 생긴다면 농부들에게 축복이 될 것이었다. 이집트인은 다름 아닌 이집트의 통치자 무함마드 알리 파샤의 대리인이었다. 그는 엔지니어들을 고용해서 그들의 도움을 받아 새로운 기술의 시대가 시작되리라고 나일강 유역에 알리기 위해 지중해 나라들을 여행하는 중이었다. 그리고 방금 전우를 하나 발견했다. 이탈리아에서 온 이 남자는 자신의 목적에 딱 적당한 사람처럼 보였다.

조반니 벨초니는 그때까지 엔지니어가 아니라 서커스 곡예사로 돈을 벌었다. 아마도 세상 사람들의 눈길을 끄는 덩치 때문일 터였다. 그러나 그는 자신에게 '더 고상한 일'을 할 능력이 있다고 생각하는 젊은이였다. 부모가 원했던 것과는 다른 일이었다. 아버지처럼 이발사가 되고 싶지도 않았고 그렇다고 사제가 되고 싶지도 않았다. 더욱이 군인은 절대 되고 싶지 않았다! 젊은이는 직업 훈련을 받지 않고 이탈리아를 떠났고 네덜란드에서 물의 역학적 성질을 공학에 응용하기 위하여 연구하는 수력학을 집중해 배운 뒤 영국으로 갔다.

다행히 벨초니는 크고 힘이 셌다. 힘센 남자는 수요가 있었다. 가령 버라이어티쇼라든가 곡예 같은 것에. 곧 그는 '파타고니아의 삼손'이라는 이름으로 무거운 것을 들어 올리거나 마술을 보여줘 관객들을 놀라게 했다. 관중은 그를 매우 좋아했다. 얼마 지나지 않아 벨초니의 이름은 온 나라에 알려졌다. 아내이자 조수인 사라와 함께 그는 '위대한 벨초니'로 포르투갈과 스페인까지 순회공연을 하다가 어느 날 몰타에 상륙했다.

이집트 외교 사절은 엄숙한 목소리로 그와 사라를 카이로에 초대했다. 그 순간 벨초니에게 몰타섬은 이집트로 가는 문으로 여겨졌다. 아랍 세계의 가장 큰 도시로의 초대는 그에게 운명의 눈짓처럼 보였다. 벨초니는 사라와 함께 동방으로, 나일강의 나라로 길을 떠났다. 왕 앞에서 수차를 소개한 일은 비록 대실패로 끝났지만 손님을 초대한 주인은 이 사건을 의연하게 받아들였다. 파샤 덕분에 벨초니는 중요한 인사 한 명을 알게 되었는데 이로써 그의 삶에 극적인 전환점이 찾아왔다. 그 사람은 헨리 솔트였다. 영국 영사인 헨리 솔트는 기술적인 지식과 튼튼한 근육을 지닌 이 이탈리아인이 힘든 일을 감행하기에 완벽한 사람임을 알아차렸다. 까마득한 옛날부터 테베에는 '멤논 두상'이라고도 불리는 젊은 람세스 2세의 약 7톤에 달하는 거대한 조각상이 놓여 있었다. 솔트는 이것을 런던의 대영 박물관에 기증할 생각이었는데, 그러려면 알렉산드리아 항구까지 운반해서 배에 실어야 했다. 카이로의 프랑스 영사 베르나르디노 드로베티가 파리의 루브르 박물관을 위해 하는 일을 솔트는 벨초니가 런던의 유명한 박물관을 위해 하기를 바랐다. 바로 이집트 고대의 예술품을 조달하는 일이었다. 가증스러운 드로베티가 가져갈 수 있는 모든 예술품을 프랑스를 위해 '예약'하기 전에 벨초니는 가능한 한 빨리 영국 화물선의 갑판에 이 예술품을 갖다놓아야 했다. 그것 말고도 서둘러야 할 이유가 또 있었다. 나일강이 범람해 땅바닥을 온통 진흙탕으로 바꿔놓기 전에 거대한 조각상을 배 위로 가져가야 했던 것이다.

그때까지 거대한 멤논 두상을 1센티미터라도 움직인 사람은 아무도 없었다. 솔트는 벨초니에게 상황을 설명하는 그림을 보여주면서 성공적으로 운반할 수 있겠느냐고 근심스레 물었다. 벨초니는 말없이 도면을 잠시 바라보고는 고개를 끄덕였다. 할 수 있을 겁니다. 벨초니는 곧 테베로 떠났다.

그리고 실제로 그는 믿을 수 없는 일을 해냈다. 130명의 일꾼과 함께 밧줄과 나무줄기를 이용해 거대한 두상을 테베에서 알렉산드리아까지 약 900킬로미터를 끌고 가 준비된 배에 싣고 런던으로 운반한 것이었다.

이 일은 벨초니 인생의 전환점이 되었다. 그때부터 그는 과거 이집트의 예술에 완전히 사로잡혔다. 솔트는 늘 새로운 고대 예술품을 구해서 카이로나 런던으로 가는 길목까지 가져오는 임무를 주는 동업자가 되었다. 벨초니는 미지의 무덤들을 만나고 나일강을 여행한 후에 필라이섬에 이르렀다. 여기서 실수로 나일강에 오벨리스크 하나를 침몰시키지만 다시 그것을 건져 올렸고, 홍해 서

안의 폐허 더미에서 이집트 고대 항구 도시 베레니케를 발견하는 등 수없이 많은 것들을 대영 박물관을 위해 수집했다. 예능인이었던 그는 이후 몇 년 동안 노련한 시선으로, 유명한 고고학자들이 앞서서 찾아냈던 것보다 더 많은 보물들을 찾아냈다. 거대한 암벽 신전인 아부 심벨의 입구를 발굴하여 안으로 들어간 것은 특히 빛나는 업적이었다.

　그렇지만 그는 그 자리에 머물지 않았다. 나폴레옹이 1798년에서 1801년 이집트 원정에 나선 뒤부터 사람들은 왕가의 계곡에 파라오의 무덤들이 있다는 것을 알고 있었다. 벨초니도 이 골짜기를 주목했고 1817년 가을에 그곳으로 길을 떠났다.

도착하자마자 그는 우선 무덤의 분포를 조사했다. 그런 다음 가파르게 떨어지는 언덕 기슭에서 흙을 제거하기 시작했다. 이어서 일꾼들에게 말라버린 강바닥, 즉 와디를 파라는 명령을 내렸다. 일꾼들은 불합리하게 보이는 이 임무에 투덜대면서 수확이 별로 좋지 않을 것이 뻔한 가망 없는 탐색을 그만두고 싶어 했다. 첫날 저녁까지 일꾼들은 마지못해 흙을 다량으로 운반했다. 처음에는 그들이 옳았다. 무덤처럼 보이는 흔적이 전혀 없었기 때문이다.

다음 날에도 일꾼들은 일을 계속했다. 정오 무렵 그들은 표면 아래 약 5미터에서 석조 구조물과 마주쳤다. 무덤이었다!

벨초니는 24개의 계단을 내려가 입구를 막고 있는 돌을 치우게 하고 문을 열었다. 그들은 길고 좁은 복도에 서 있었다. 복도 양쪽은 그림으로 장식되어 있었다. 너무 깜깜해서 램프의 약한 불빛으로 겨우 몇 개의 장식만 알아볼 수 있었다. 천장에는 독수리가 날고 있었는데, 두 번째 독수리마다 뱀의 머리를 하고 있었다. 장식이 가득한 방들이 잇달아 나왔고 그 가운데 하나가 특히 눈에 띄었다. 다른 방보다 더 크고 연회장 같아 보였다. 그 방 한가운데에 궤짝같은 것이 놓여 있었다. 약 3미터 길이의 석관으로 대리석이 아닌 얇은 설화석고로 되어 있었다. 관은 비어 있었으나 벨초니는 관 자체의 아름다움에 황홀했다. 램프를 넣으면 궤 안에서 불빛이 환히 비출 것 같았다.

무덤을 발견했다는 소식은 들불처럼 번졌다. 당시 그 지역을 다스렸던 아가 폰 케네가 당장 계곡을 방문했다. 그가 보물이 대체 어디 있느냐고 묻자 벨초니는 그를 그림이 그려진 긴 복도를 지나 묘실로 안내했다. 묘실 한가운데에 설화석고 관이 있었다. 아가가 관을 가리키며 물었다. 이게 전부인가? 이집트 왕의 묘실, 빈 석관과 화려한 그림들이 전부인가? 황금과 다이아몬드와 진주들만 진짜 보물이라고 생각하는 통치자에게 이런 것들은 흥미가 없었다. 실망한 아가는 즉시 돌아갔다.

새로 발견된 묘는 처음에는 '벨초니의 무덤'이라는 이름을 얻었다. 상형문자를 해독하게 된 뒤 이집트학 학자들은 이 무덤을 기원전 1290년부터 1279년까지 통치한 세티 1세의 묘로 정정했다.

약 열흘 동안 벨초니는 왕가의 계곡에서 10기가 넘는 무덤을 더 발견했다. 람세스 2세의 아버지인 세티 1세의 무덤은 채색 그림과 비범한 설화석고 석관으로 오늘날까지 가장 아름답고 중요한 이집트 무덤 가운데 하나로 꼽힌다. 벨초니는 열두 달이 넘는 기간 동안 무덤을 조사하면서 스케치를 하고 밀랍 주형을 떴다. 나폴레옹 이집트 원정대의 학자들의 전통을 따른 것이었다. 그는 발굴물의 외양을 세밀하게 기록했다. 또한 당시 많은 사람들과 달리 무덤이나 피라미드로 접근하기 위해 엄청난 양의 폭약을 쓰지 않았다. 묘지임을 시사하는 비범한 구조물과 물이 스며든, 눈에 띄는 흔적을 즉각 알아보는 노련한 눈썰미가 그새 충분히 생겼기 때문이다.

유럽으로 돌아온 벨초니는 런던과 파리에 거대한 무덤의 모형을 제작해놓고 자신이 발견한 것들을 보여주면서 사라와 함께 관객들에게 멋진 오락 쇼를 제공했다. 또한 미라와 이집트 도자기, 고대 이집트 일상용품 등의 진품과 자신이 그린 무덤의 부조 그림들을 내놓았다. 관중들은 샌들 같은 고대 이집트의 오리지널 일상용품들을 구입하면서 무척 기뻐했다. 한때 서커스 단원이었던 벨초니는 관객들을 열광케 할 줄 알았다.

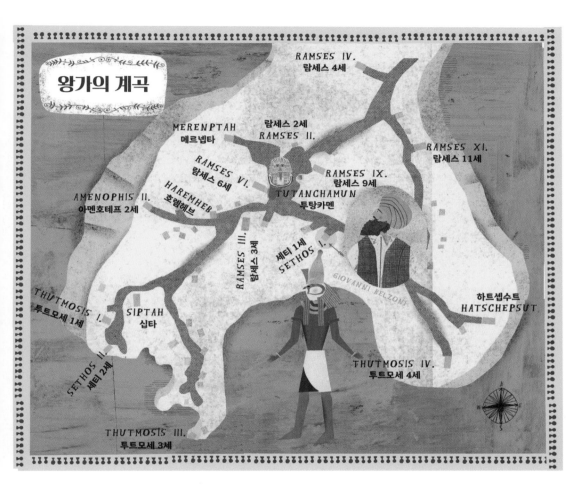

왕가의 계곡

1822년 영국에 온 지 2년 뒤 벨초니는 새로운 모험을 향한 열망에 사로잡혀 왕가의 계곡이 아니라 중앙아프리카로 떠났다. 나이저강의 수원을 찾기 위해서였다. 그곳에서 이질에 걸려 1823년 12월 1일 고작 45세의 나이로 베냉 남부의 도시 그와토에서 세상을 뜬다. 그러나 그곳에 묻힌 그의 묘는 금세 잊혔고 몇 년 지나지 않아 이미 찾을 수 없게 되고 말았다. 사라는 남편보다 약 50년을 더 살았다.

남은 이야기

조반니 벨초니는 오늘날까지 고고학의 위대한 개척자로 평가받는다. 그와 동시에 약탈의 명수였으며 이집트 예술 작품을 둘러싼 국가 간의 경쟁에 특히 적극적이었다는 비

이집트에 대한 유럽의 열광

벨초니의 발견은 이집트가 막 서구 세계에 알려진 시기와 일치했다. 나폴레옹의 원정은 군사적 면보다 학문적 면에서 성공이라 볼 수 있었다. 이러한 학문적 성과에 힘입어 유럽은 폭넓은 연구를 통해 처음으로 나일강 유역에 대한 구체적인 지식을 얻었다. 그 후 당시 강대국인 프랑스와 영국 사이에 가장 뛰어난 예술품을 얻으려는 경쟁이 시작되었다. 물론 벨초니는 자신이 누구의 무덤을 발견했는지 몰랐지만 그렇다고 유럽의 이집트 열광이 중단되지는 않았다. 벨초니는 '벨초니의 석관'뿐만 아니라 프랑스의 코앞에서 람세스 두상을 잽싸게 차지한 절도와 같은 행위로 세상의 이목을 끌었다.

조반니 바티스타 벨초니

1778년 11월 15일~1825년 12월 3일
서커스 예능인, 발명가, 도굴꾼,
과학적 이집트학의 창시자

벨초니는 젊었을 때 고향 이탈리아 파두아를 떠나 예능인이자 발명가로서 일했다. 그러다 이집트에 가서 런던의 대영 박물관을 위해 고대 예술품을 배로 운송했다. 비록 당대의 다른 발굴자들과 마찬가지로 귀중한 발굴물들을 국외로 가져갔지만, 그는 자신이 발견한 것을 자세히 묘사하고 측량했으며 세세한 발굴 보고문을 발표해 과학적 이집트학의 창시자라는 명성을 얻었다.

이미 최초의 보고문, 그림, 예술품들은 유럽에서 엄청난 이집트 열광을 불러일으켰다. 모든 이집트적인 것이 유행이 되었고, 이집트풍 옷을 입고 이집트식으로 행동했으며 공적인 미라 제막 행사에 방문했다.

난도 받고 있다. 그 말이 옳기는 하지만 그는 유럽에서 이집트 예술 작품 일반에 대한 관심을 일깨우기도 했다. 당시 고대 애호가들과 박물관들은 이집트 발굴물에 많은 돈을 지불할 준비가 되어 있었다. 또 이집트인들은 도처에 굴러다니는 돌과 미라를 팔았다. 그들 눈에 유물은 아무짝에도 쓸모없는 허섭스레기였고 기껏해야 불에 구워 석회로 만들거나 땔감으로 사용할 수 있는 정도의 가치를 가진 것이었다.

살아생전에 벨초니는 감사의 말도 듣지 못했고 부자도 되지 못했다. 하워드 카터를 비롯해 후대 고고학자들에 이르러서야 그가 이집트학에 기여한 성취가 드러났다. 그가 가져온 그림들은 완전히 손상되지 않도록 1978년부터 비공개 상태다. 멤논 두상과 설화석고 석관은 오늘날까지 찬탄의 대상이 되고 있다.

대영 박물관에 전시되어 있는 람세스 2세의 조각상(멤논 두상).

상형문자 해독의 열쇠가 된 로제타석

샹폴리옹, 상형문자를 해독하다

1790년 프랑스 남부 피자크. 추운 겨울밤이었다. 12월 23일이 막 시작된 시각에 작은 마을 위로 눈송이가 내리고 있었다. 목가적인 이 작은 도시의 주민 대부분은 이 시간에 잠을 잤다. 일상적인 밤이었다. 1년 전부터 사람들을 불안과 공포로 몰아넣고 많은 이들에게서 잠만 빼앗은 것이 아닌 혁명이 이 나라를 뒤흔들고 있다고는 믿기지 않을 정도였다.

어느 건물에서 불빛이 아직 깜박거렸다. 마을 중심부에서 몇 걸음 떨어지지 않은 곳에 서적상인 자크 샹폴리옹이 가족과 함께 살고 있었다. 이 집 사람들도 근심스러운 표정이었다. 하지만 집 바깥의 나라에서 일어난 사건 때문은 아니었다. 자리를 함께한 사람들의 관심은 오로지 이날 밤 일곱째 아이를 출산하는 안주인 잔 프랑수아 샹폴리옹에게 가 있었다. 1층에서는 남편이 이마에 걱정 가득한 주름살을 짓고 불안하게 왔다 갔다 했다. 부부는 앞서 두 아이를 떠나보냈다. 부디 이번에는 모든 것이 다 잘되기를! 샹폴리옹 부인은 커다란 침대에 누워 있었다. 곁에 있는 사람은 산파뿐이었다. 이 산파는 지금까지 여인 수백 명의 출산을 거들어주었으므로 이번 아이도 건강하게 세상에 태어나게 할 것이었다. 정말 그러했다. 잠시 후 산파는 그림처럼 아름다운 사내아이를 팔에 안고 있었다. 샹폴리옹 씨는 침실로 들어와 아내에게 눈길을 준 뒤 울고 있는 아기를 살펴보며 생각에 잠겼다.

아내가 무감각한 상태로 침대에 누워 있은 지 정말 열한 달밖에 되지 않은 걸까? 왕진 온 의사마다 아내가 분명 죽을 거라고 했다. 절망한 샹폴리옹 씨는 그의 재주를 아는 사람들이 모두 '마법사'라 부르는 자쿠라는 이름의 남자를 불렀다. 자쿠는 샹폴리옹 부부에게 아들이 태어날 터인데 그 명성은 앞으로 수백 년간 이어질 거라고 예언했다.

그로부터 몇 년 동안 피자크에서도 자코뱅파가 공포정치를 시행했다. 샹폴리옹 부부는 장 프랑수아Jean-François라는 이름을 지어준 막내가 집에 안전하게 머물러 있도록 잘 돌보았다.

공포정치는 다행히 1794년에 끝이 났다. 자코뱅파의 우두머리 로베스피에르가 단두대에서 종말을 맞았기 때문이다. 1798년 피자크의 학교가 다시 문을 열자 장 프랑수아는 드디어 학교에 다니게 되었다. 지식욕이 강한 이 일곱 살짜리 소년은 쓰기와 읽기를 이미 혼자 깨우친 상태였다. 집에 책이 풍부하게 갖추어져 있어 공부할 기회가 많았다. 이후 몇 년 동안 소년은 주위에서 일어나는 모든 것에 활발하게 관심을 보였다. 열렬한 나폴레옹 숭배자인 형 자크 조제프는 동생에게 이집트에 관한 오색찬란한 이야기들을 열심히 들려주었다. 이집트는 형 자크도 들어서만 알고

프랑스 혁명(1789~1799)은 변혁의 시대를 불러왔다. 혁명의 목표는 '자유, 평등, 박애'였다. 자코뱅은 정치 클럽이었다. 로베스피에르 치하의 공포정치가 시작됐고 집단 처형이 수년간 흔하게 행해졌다

있는 나라였다. 자크는 군인이 되어 나폴레옹 군대와 함께 먼 꿈의 나라를 정복하는 데 모든 희망을 걸었다. 자신이 군대에 적합하지 않다는 사실을 알았을 때 그가 얼마나 실망했는지! 그렇다고 해서 그의 이집트 사랑이 멈추지는 않았다. 자크는 나일강의 나라에 대해 최대한 많이 알고 싶어 했다. 이집트 전문 신문 《이집트 통신》은 새로운 발견들에 관한 최신 정보를 제공해주었다. 그리하여 자크를 비롯한 샹폴리옹 집안의 사람들도 1799년 9월 먼 나일강의 나라에서 놀라운 것이 발굴되었다는 소식을 접할 수 있었다. 이 소식을 듣고 막내 장 프랑수아는 기대에 부풀었다.

나폴레옹의 이집트 원정(1798~1801)은 군사적 정복만이 아니라 이 나라에 대한 과학적 탐구도 목적하고 있었다. 과학자 또는 예술가로서 최고사령관과 동행하는 사람은 군인과 비슷하게 힘든 일을 감당할 수 있어야 했다.

　　1년 전부터 나폴레옹 군대는 영국의 통치하에 놓인 인도로 가는 대안 경로를 확보하기 위해 이집트를 통과했다. 자코뱅의 지배가 끝난 뒤 권력을 장악한 나폴레옹은 몰타와 알렉산드리아, 카이로와 이집트를 정복할 만큼 강했음에도 나일 해전에서 영국 함대에 처참하게 패했다. 나폴레옹은 군사들과 함께 나일강에서 오도 가도 못 하게 되고 말았다. 다행히 싸울 각오가 된 군인들뿐만 아니라 많은 수의 고고학자, 역사가, 자연과학자, 예술가들도 최고사령관과 동행한 상황이었다. 이들은 성공하지 못한 이집트 원정이 궁극적으로 성과를 거두도록 온 힘을 다했다.

　1799년 8월 어느 뜨거운 날 놀라운 일이 벌어졌다. 프랑스 장교 피에르 부사르가 로제타 마을로부터 멀지 않은 곳에서 병사들에게 일을 시키고 있었다. "건축 자재를 찾아라!"가 그의 명령이었다. 남자들은 삽 앞에 드러나거나 손가락에 집히는 모든 것을 열심히 팠다. 그러던 중에 한 병사가 심하게 훼손된 진

회색 화강암 석판을 발견했다. 이 돌이 원래 사각형이었음을 알아차리기조차 어려운 상태였다. 급하게 불려간 부사르는 돌의 전면을 덮고 있는 문자들 때문에 이 돌이 특별한 것임을 알아차렸다. 돌에는 세 가지 수수께끼의 문자가 새겨져 있었는데, 위쪽은 상형문자, 그 아래는 고대 이집트의 '공공 기록 문자'인 민중문자, 그리고 아래쪽 3분의 1은 고대 그리스 문자였다. 석판은 막 창설된 카이로의 이집트 연구소로 곧바로 보내졌다. 연구소에서는 석판의 모래와 먼지를 제거한 다음 모사를 하고 밀랍으로 모형을 떠서 복사본을 프랑스로 보냈다. 나폴레옹 군대의 학자들 역시 석판을 조사했다. 그리고 그것이 비할 데 없이 중요한 석판임을 깨닫고 크게 놀랐다. 그들은 고대 그리스 문자만 알고 있었지만 그 정도로도 비문 전체를 문제없이 읽을 수 있었다. 세 가지 문자 모두 혹시 같은 내용을 적은 것일까? 그렇다면 상형문자를 빠른 시일 안에 해독할 수 있으리라!

하지만 수많은 학자들이 몇 달 동안 부단히 애썼는데도 로제타석의 해독에 실패했다. 전체 글자의 해독이 쉽지 않음이 확실했다. 몇몇 기호의 의미가 밝혀지긴 했으나 상형문자는 여러 해 동안 비밀로

로제타석

세계에서 가장 유명한 이 검은 화강암은 1799년 나일강 하구 서쪽에서 발견되었다. 높이는 112센티미터, 폭 76센티미터, 두께 28센티미터로, 수직으로 서 있는 석비의 일부였다. 여기에는 각각 다른 문자로 된 세 단락의 글이 있었는데 기원전 196년 왕 프톨레마이오스 5세 에피파네스의 공덕을 묘사하는 내용이었다. 이는 돌로 만든 일종의 '벽보'였다. 누구나 이해할 수 있도록 세 가지 언어로 쓰여 있었다. 고대 그리스어는 이집트의 교양 있는 시민 대부분이 이해했다. 상형문자는 사제들의 문자였다. 이 문자는 일상적으로 사용하기에는 너무 복잡했으므로 축약해서 썼고 여기서 '민중문자'가 탄생했다. 영국인들이 나폴레옹의 이집트 군사 행동을 끝냈으므로 이 돌은 영국으로 보내져 오늘날까지 런던의 대영 박물관에 전시돼 있다.

남았다.

　장 프랑수아가 열 살 때 형 자크 조제프가 동생을 그르노블로 데리고 갔다. 동생에게 어떤 새로움도, 자극도 주지 못하는 작은 마을 피자크를 벗어난 것이었다. 그르노블의 학교에서 장 프랑수아는 금세 두각을 나타냈고 그리스어와 라틴어에 이어 히브리어, 아랍어, 시리아어 등 여러 언어를 배워도 좋다는 허락을 받았다. 그리하여 이 언어의 천재는 어린 나이에 이미 12개 국어를 유창하게 구사했다.

　그르노블에서 그는 이집트 원정에 연구자로 참여했던 수학자 조제프 푸리에의 수업을 들었다. 푸리에 개인의 이집트 고대 소장품을 보는 과정에서 소년은 처음으로 진짜 상형문자를 대면했다.

　유럽에는 이 신비한 문자에 대해 알려진 바가 거의 없었다. 복제본이나 사본은 고사하고 원본조차 존재하지 않았다. 고대 이집트인들이 문자를 가지고 있었다는 사실은 헤로도토스와 스트라본 같은 몇몇 고대 저술가들의 저서에서 찾아볼 수 있었다. 그렇지만 그들이 저술할 때 이미 상형문자의 의미는 잊힌 지 오래였다.

　독일의 연구자 카르스텐 니부어는 로제타석이 발견되기 약 30년 전 아라비아 여행을 갔을 때 신비한 이집트 문자의 모사본을 유럽으로 가져왔다. 그 뒤로 모사본을 가져온 사람은 거의 없었다. 1800년경 사람들은 상형문자를 구체적 의미를 지닌 텍스트가 아닌, 불가사의한 진리를 숨기고 있는 전혀 풀 수 없는 상징으로 이해했다.

　그런데도 몇몇 학자들은 끈질기고 열정적으로 상형문자에 거듭 달려들었다. 독일의 예수회 수사이자 학자인 아타나시우스 키르허는 로제타석이 발견되기

한참 전인 1643년 고대 이집트어와 콥트어[I]가 친연 관계에 있다고 설명했다. 이것은 옳은 생각이었다! 비록 훗날 의구심이 제기되기도 하지만 말이다.

로제타석이 1801년 영국인들에게 넘겨져 런던의 대영 박물관으로 옮겨지기 전 프랑스의 유명한 동양학자 실베스트르 드 사시가 로제타석을 조사했다. 물론 이내 절망하고 포기했다.

드 사시의 학생이었던 스웨덴 외교관 요한 다비드 오커블라드 역시 1802년 비문 해독에 몰두했다. 그리스어 글귀에 등장하는 이름들을 보면서 민중문자 부분에서 상응하는 것을 찾아보는 방식이었다. 그렇게 여러 이름을 읽을 수 있었으나 결국 그의 연구는 허사로 돌아갔다. 민중문자를 알파벳으로 여겼기 때문이다. 같은 시기에 영국 학자 토머스 영은 한 걸음 더 나아갔다. 그는 예를 들어 상형문자의 카르투슈에는 언제나 왕의 이름이 들어 있다는 것을 깨닫고 '프톨레마이오스'라는 이름을 최초로 확인했다. 그러나 수년간의 노력 끝에 상형문자는 실제로 읽거나 번역할 수 없다는 결론을 내렸다. 바로 이때 젊은 어학 천재가 등장했다.

'왕의 고리'라고도 불리는 카르투슈는 로제타석에서 여러 개 발견된다. 이것은 이집트 왕의 이름을 에워쌈으로써 그 이름이 아주 특별한 것임을 나타내는 길쭉한 원 모양 장식 테두리다.

1808년 장 프랑수아는 파리에서 드 사시의 학생이 되었다. 그는 로제타석 원본의 주형을 자세히 연구할 수 있었다. 1년 뒤 비문 가운데 15개의 민중 문자를 정확하게 번역했다. 로제타석은 상형문자의 해독을 약속하는 것이어서 그는 로제타석에 매달렸다.

I 아프리카아시아어족에 속하는 언어로 고대 이집트어의 직계이다. 후기 이집트어, 현대 이집트어라 하기도 한다. 그리스 문자에 이집트 신관문자, 이집트 민중문자에서 비롯된 몇 자모를 더한 콥트 문자로 표기된다.

1810년 장 프랑수아는 19세의 나이에 그르노블 대학의 고대 역사 교수로 임명됐다. 유럽에서 최연소 역사 교수가 된 것이다. 그는 가르치고 연구하며 토머스 영이 중단했던 바로 그 지점에서 상형문자 연구를 계속했다.

그는 카르투슈 안의 이집트 문자를 그리스어 텍스트에 있는 왕의 이름 '프톨레마이오스', '클레오파트라'와 비교했다. 그리고 실제로 규칙성을 인식하고 한 걸음 한 걸음 자형의 알파벳을 풀어갔다. 왼쪽에는 알파벳 기호를 적고 오른쪽에는 소리, 즉 발음을 적었다. 오래전 키르허가 그랬듯 그 역시 콥트어와 상형문자가 서로 유사하다고 추측했다. 그는 어느새 콥트어를 읽고 말할 줄 알았는데, 그래서 각각의 기호에 한 음을 맞출 수 있었다. 덕분에 작업이 한결 수월했다.

샹폴리옹은 곧 벨초니가 아부심벨에서 발견한 카르투슈의 글자를 읽기 시작했다. 토머스 영이 이미 카르투슈 안에는 언제나 왕의 이름이 적혀 있다는 사실을 알아낸 바 있었다. 따라서 발굴 장소에 근거해 왕의 이름을 찾아낼 가능성이 있었다. 이 카르투슈 안의 첫 자형은 한가운데 점이 있는 원이었다. 샹폴리옹은 곰곰 생각했다. 이것은 태양을 말하는 걸까? 태양을 뜻하는 콥트어 단어는 '라(Ra)'였다. 다음에 알 수 없는 부호가 따랐고, 그다음은 's'와 또 하나의 's'였다. 그는 'Ra / - / s / s'라 적고 나서 전율을 느꼈다. 자신이 방금 해독한 상형문자들은 이미 그리스 문헌들에서 알려진 파라오의 이름 람세스였다. 결정적인 진전이었다. 이제 증거가 나왔다. 상형문자는 그림으로만이 아니라 음성학적으로도 사용되었다. 즉 발음이기도 했다. 그는 흥분해서 형에게 가 "해냈어!"라고 알아듣기 힘든 발음으로 소리치고는 쓰러졌다.

비슷한 방법으로 그는 수많은 비문을 해독하는 데 성공했다. 2년 뒤 그는

고대 이집트인의 언어를 되살렸다.

이후 몇 년간 그는 이탈리아와 이집트를 여행하며 오랫동안 쉬지 않고 일에 매달렸다. 1832년 1월 12일 아침 장 프랑수아는 파리의 집 책상에 앉아 있었다. 언제나 자신의 한계를 넘곤 했던 그는 여러 달 전에 뇌졸중을 겪었다. 회복하고 있다고 생각했지만 그것은 큰 착각이었다. 갑자기 그는 비명을 지르며 무너졌다. 그때부터 그의 기력은 막을 수 없을 정도로 빠르게 떨어졌다. 잠깐 의식이 돌아오기도 했다. 그때 그는 서재에 있는 여러 가지 이집트 물건을 보고 싶어 했다. 그렇게 마지막에도 자신을 그토록 사로잡았던 나라에 눈길을 돌렸다. 1832년 3월 4일 이른 아침 장 프랑수아 샹폴리옹은 고작 41세의 나이로 세상을 떴다.

샹폴리옹의 중요한 발견 가운데 하나는 상형문자가 이제까지 받아들여진 대로 그림언어로 사용될 뿐만 아니라 '음성학적'으로도 사용된다는 것이다. 즉 그것은 발음이기도 했다.

장 프랑수아 샹폴리옹

1790년 12월 25일~1832년 3월 4일
언어학자, 일명 이집트 상형문자의 해독자

이집트에 열광적이었던 시대에 어린 시절을 보낸 이 언어 천재는 자신이 언젠가는 상형문자를 해독할 것이라 선언했다. 그리고 다른 학자들이 앞서 이뤄놓은 작업을 기반으로 1822년 열망하던 목적을 이뤘다. 그는 41세의 나이에 뇌졸중으로 파리에서 사망할 때까지 지치지 않고 열성적으로 작업했다.

남은 이야기

장 프랑수아 샹폴리옹 덕분에 상형문자가 해독돼 고대 이집트가 수천 년간 지속된 잠으로부터 깨어났다. 토머스 영과 같은 다른 학자들의 선행 연구가 때로 충분히 평가받지 못했다는 이야기가 있는데 그런 연구들이 없었다면 샹폴리옹 역시 분명히 성공하지 못했을 것이기 때문이다. 샹폴리옹은 모든 기록을 평생 가장 가까이 지낸 형에게 남겼다. 형은 동생의 유고가 출판되도록 애썼다. 상형문자를 읽을 수 있게 되면서 비로소 고대 이집트의 역사가 체계적으로 연구될 수 있었다. 이는 오늘날까지 이집트학 학자들의 마음을 조이게 하는 과제다.

이집트 문자 해독의 결정적 계기가 된 로제타석. 대영 박물관 소장.

깨어난 마야의 코판 유적
스티븐스와 캐서우드, 밀림 속 유적을 찾아가 그리다

1839년 중앙아메리카 유카탄반도 남쪽에 위치한 벨리즈의 정글. 스티븐스와 캐서우드가 원정의 목적지로 선택한 장소인 코판에 죽음이 퍼졌다. 그곳에 말라리아가 창궐하고 있었는데도 두 남자는 벨리즈에서 길을 떠났다. 두 사람은 자신들이 살아서 유적지에 이르게 될지 의심스러웠다.

"우리는 바닥을 기다시피 해서 진구렁을 지나고, 몸을 욱여넣어 배수로를 간신히 통과하고, 나무에 부딪히고 나무뿌리에 걸리면서도 앞으로 나아갔다. 매 걸음을 조심해야 했으며 항상 긴장해야 했다. (……) 우리는 묘비명으로 '노새의 머리 위로 내동댕이쳐지고, 마호가니 줄기에 두개골을 박고, 진창 속에 묻히다'라는 명예롭지 못한 글귀를 적어야 할 것 같았다."

중앙아메리카의 정글을 가로지르기 위해 목숨을 걸고 길을 떠났던 이 두 남자는 누구였을까?

한 사람은 프레더릭 캐서우드Frederick Catherwood였다. 1799년 런던에서 태어났고 학창 시절 언어에 열정적이었던 그는 아랍어, 그리스어, 이탈리아어, 히브리어를 쉽게 배웠다. 아울러 그림에도 재능을 보였는데, 실력이 좋아서 학생 때 런던의 로열 아카데미에서 강습을 받도록 학교로부터 허락받기도 했다. 여기서 그는 처음으로 18세기 이탈리아 화가 조반니 바티스타 피라네시의 그림을 보았다. 피라네시는 로마 유적의 찬란한 장관을 놀라운 방식으로 그렸는데, 그 그림을 본 일을 계기로 캐서우드는 고고학에 열광하게 되었다.

그리하여 청년 캐서우드는 곧 로마로 여행을 갔다. 로마에 발을 들인 순간부터 이 도시에 매혹된 그는 그곳에 머물면서 건축 공부를 하기로 마음먹었다. 그러다 우연히 포룸 로마눔 발굴의 재정적 후원자인 데번셔 공작부인 엘리자베스를 위해 일하게 되었다. 몇 삽만 흙을 퍼내도 로마의 수천 년 역사 속으로 들어갈 수 있다는 것은 믿을 수 없는 경험이었다! 발견한 것들을 그림으로 옮기기 위해 캐서우드는 도시 한가운데에서 풀을 뜯는 소들을 거듭 쫓아내야 했다.

매혹적인 도시에서 체류를 끝낸 뒤 그는 그리스로 갔다. 그 시대의 건축학도라면 꼭 해야 할 일이었다. 그리스에서도 캐서우드는 고대 건축물을 조사하고 그것을 그림으로 남겼다. 그는 좋은 사람들 사이에 있었다. 당시로부터 불과 몇 년 전에 엘긴 백작이 아테네 파르테논 신전의 인물 문양 프리즈I를 런던으로 가져갔는데, 캐서우드 역시 영국인 중 고대를 새롭게 주목한 최초의 예술가이자 고고학자 중 한 사람이었다. 그 후 캐서우드는 곧바로 나일강을 여행하면서, 당시에는 소수의 학자들만 겨우 표착한 적 있는, 거의 알려지지 않은 이집트를 탐사하며 눈에 띄는 모든 유적들을 그렸다. 그는 처음으로 이러한 일을 체계적으

I 건축물의 벽면과 코니스 사이에 있는 띠 모양의 부분. 부조로 장식하는 경우가 많다.

로 행한 사람 중 하나였다.

  그다음 몇 년은 다른 일을 하지 않았다. 시나이반도를 거쳐 예루살렘을 여행하면서 최초로 이슬람의 가장 중요한 두 신성한 장소인 알아크사 모스크와 바위의 돔을 측량하고 그림을 그렸다. 적잖게 위험한 시도였다. 캐서우드와 같은 기독교 '이교도'는 그런 건물에 발을 들여놓기만 해도 목숨이 위태로웠기 때문이다. 그는 언제나 카메라 루시다[I]와 함께했다. 카메라 루시다의 도움을 받아

I   프리즘, 거울, 현미경 등을 이용하여 물체의 상을 종이에 비추어주는 장치. 실물을 세밀하게 그리는 데 도움을 준다.

예루살렘 도시 전체가 한눈에 들어오고 뒤에서 빛이 비춰져 숨 막힐 듯이 놀라운 파노라마를 그렸다. 이 파노라마 그림은 얼마 후 런던과 뉴욕에서 전시되어 사람들에게 감동을 선사했다. 이 그림으로 명성이 높아지지는 않았고 특히 이 그림은 뉴욕에서 큰 화재로 불타버렸으나 그림은 생의 전환점을 맞는 계기가 되었다. 바로 스티븐스를 알게 된 것이었다. 말 등에 올라타 목숨을 걸고 정글을 헤쳐 나가고 있는 순간 캐서우드는 다시 한 번 그를 저주했지만 동시에 인생에서 가장 큰 모험을 하게 된 데 감사했다.

1805년에 태어나 뉴욕에서 자란 존 로이드 스티븐스John Lloyd Stephens 역시 모험가였다. 당시 뉴욕은 인구 8만 명으로 아직은 한눈에 조망할 수 있을 만큼 작은 도시였으나 이미 세계에 개방되어 있어 스티븐스 같은 호기심 많은 청년이 살기에 좋은 곳이었다. 그는 원래 법률가가 될 작정이었다. 그러나 인후염에 걸려 쉽게 낫지 않자 의사가 유럽을 여행해보라고 권했다. 교양인 스티븐스에게 유럽은 로마와 시칠리아, 그리스, 고대와 호메로스와 같은 의미였다.

젊은 스티븐스는 성가신 목 통증을 치료하려던 여행 목적을 이내 잊었다. 전부터 수없이 들어왔던 옛 문화에 대한 열정을 자신 안에서 발견한 것이었다. 어느 날 지인이 중앙아메리카에 대한 소견을 슬쩍 비치자 존은 같은 아메리카 대륙이 숨겨두고 있는 보물들에 눈을 떴다.

"파괴된 도시라든가 신전, 그 밖의 예술 작품들에 관심 있는 모든 이들을 매혹시킬 수많은 것이 존재하는 완전한 미답의 영역일세."

스티븐스는 사라진 도시들, 몰락한 문화에 관한 글을 읽기 시작했다. 유카탄반도의 도시 유적 팔렝케와 우수말이 화제에 올랐다. 그리고 나서는 코판에 관해 읽었다. 코판은 '멕시코적'이라 설명되어 있었다. 도시의 건설자들은 인디오 문화의 구성원이었을까? 물론 아메리카 백인 대부분이 '인디오'를 문명화되지 않은 야만인으로 본 것과는 달리 그들을 야만인으로 보지 않는 사람만이 그런 가정을 할 수 있었다. 많은 연구자들이 이러한 곳의 존재를 의문시했지만, 정글에서 발견된다는 것들을 건설한 사람은 누구였을까? 그것은 옛 이집트만큼이나 면적이 넓다고 했다. 이집트인들처럼, 중국인들처럼, 자취를 감춘 이스라엘 부족들처럼 유명한 고도의 문명이었을까? '인디오'만 빼면 모든 것이 불확실했다.

스티븐스는 바로 그것을 조사하고 싶었다. 그리고 이 시기에 캐서우드를 알게 되었다. 그들은 고대에 대한 열정을 나누었고 곧바로 서로에게 호감을 느꼈다. 스티븐스가 눈을 빛내며 신비한 멕시코 발굴물에 대해 이야기하고 난 후 두 남자는 그곳을 함께 탐색해보자는 확고한 계획을 세웠다. 그래, 중앙아메리카로 가자!

코판은 마야 문명의 4대 도시 가운데 하나였다. 발견 당시에는 아직 그 사실이 알려지지 않았고 또 아메리카 원주민의 문화에 대해서도 그다지 알려진 것이 없었다.

길을 떠난 지 며칠이 지났다. 옷에는 오물이 잔뜩 묻었고 둘 중 한 사람은 비틀거리는 노새에서 수시로 떨어졌다. 그들은 깊은 정글을 통과했다. 숲이 끝없이 이어졌다. 사화산을 지나고, 바나나와 옥수수 밭을 지나고, 진홍색 연지충 농장을 지났다. 목숨이 위태로운 만남도 있었다. 어느 장교의 총에 맞을 뻔하기도 하고 몇 시간 동안 감옥에 갇히기도 했다. 그렇게 시간이 흘러 마침내 두 남자는 여행의 목적지에 도착했다. 열 채 남짓한 작은 오두막이 전부인 코판 마을이었다.

하지만 그들이 이야기를 들었던 유적은 어디에 있는가? 그것 때문에 이 힘든 행군을 감수했는데 말이다. 마을 주민들이 모여들더니 왁자지껄 웃으며 두 남자와 짐을 바라봤다. 기이한 측량도구와 접이 침대 등이었다. 유적이 어디 있느냐고 물으니 한 젊은이가 여행자들이 찾는 곳이 어디인지 깨달았다.

"옛날 돌 말입니까? 그곳으로 안내할 수 있습니다."

다음 날 아침 두 사람은 안내자를 따라갔다. 안내자는 마체테 칼로 울창한 숲의 나뭇가지를 쳐내 길을 만들면서 덩굴식물들이 빽빽한 수풀 사이로 나아갔다. 어느 순간 그들은 다듬어진 돌들이 산을 이루는 한복판에 있었다. 장방형 공터에서 그들은 거대한 돌기둥들을 발견했다. 땅바닥에서 수 미터 솟아 있고 기둥 하나는 위에서 아래까지 문양으로 뒤덮여 있었다. 앞에는 독특한 복장을 하고 엄격한 표정을 짓고 있는 한 남자가 그려져 있었다. 옆면은 이상한 부호로 덮여 있는데 캐서우드와 스티븐스가 그때까지 본 적 없는 것이었다. 이 기념비의 발견으로 마침내 과거의 유물을 찾아 나선 그들이 망상만 쫓은 것이 아니며 이 미지의 종족이 만든 작품들이 예술성도 갖고 있다는 것이 증명되었다.

"역사가들은 아메리카에 '야만인'들이 살았다고 말하지만 야만인들이라면 결코 이런 돌을 조각하지 못했을 걸세."

스티븐스가 말하자 미스터 캣도 동의하며 고개를 끄덕였다. 스티븐스는 자신의 길동무 캐서우드를 미스터 캣이라 불렀다. 이어서 길잡이는 두 남자를 반쯤 파묻힌 열세 개의 기념비로 안내했다. 모든 것이 압도적이었다. 이집트 피라미드를 처음 보았다면 느꼈을 법한 압도감이었다. 게다가 정글의 환경도 이런 분위기를 만드는 데 일조했다. 몰락한 도시의 침묵을 방해하는 소리라고는 나무 우듬지 사이를 뛰어다니는 원숭이들의 시끄러운 울음뿐이었다. 사라진 종족의 폐허가 된 도시가 (이것이 마야 문명임을 물론 그들은 아직 모른다) 침몰한 배처럼

마야 문명

마야인은 중앙아메리카의 종족으로 멕시코만 지역에 살았는데 그곳은 여러 개의 '영주국'으로 나뉘어져 있었다. 그들은 유럽이 아메리카를 '발견'하고 정복하기 오래전부터 아메리카 땅에 살았다. 말하자면 '토착민'이었다. 그들은 고도로 발달된 문화로 탁월한 업적을 이룩했다. 예를 들어 수학이 발전했으며 웅장한 도시를 건설했다는 사실이 그렇다. 또한 도시의 집들은 면밀한 수도 체계를 갖고 있었다. 마야 문명은 오늘날까지도 연구자들에게 수수께끼로 남아 있다. 마야인들은 왜 신전과 도로가 있는 도시들을 건설해놓고 불과 몇 년도 지나지 않아 이를 버리고 떠났을까? 마야 문명은 왜 갑작스레 사라지고 정글에 폐허로만 남았을까? 마야에 대해 많은 것이 알려질수록 더 많은 물음들도 따랐다. 이는 학자들이 앞으로 연구해야 할 몫이다.

그들 앞에 놓여 있었다. 돛대는 사라지고, 이름은 잊히고, 선원은 행방불명인 배. 아무도 그것이 어디서 왔고, 누구의 것이었고, 왜 침몰했는지 알지 못했다. 그러나 이 폐허가 어쩌면 침몰한 도시의 수수께끼를 풀 열쇠일지도 몰랐다. 이곳이 존재한다면, 그들은 이 문명의 다른 장소들도 발견하게 될 수 있을 터였다!

스티븐스와 캐서우드는 저녁 늦게야 코판 마을로 돌아왔다. 다음 날 아침 작은 마을의 주민들은 두 남자의 특이한 행동거지에 다시 한 번 놀랐다. 특히 솔로 이를 닦는 모습에 크게 놀랐는데 그렇게 이상한 행동을 이제까지 아무도 본 적이 없었기 때문이다.

두 사람이 원시림으로 출발하기 전에 갑자기 한 남자가 격한 몸짓을 하며 그들 앞에 나타났다. 남자는 자신을 돈 호세 마리아 아세베도라고 소개하면서 자신이 숲에 있는 유적, '우상들'의 주인이라 설명했다. 그러고는 자신의 허락 없이는 아무도 거기 가거나 옛날 돌들로 뭔가를 해서는 안 된다고 했다. 스티븐스와 캐서우드가 깜짝 놀라 항의하자 그는 자신의 말을 입증하는 소유 증서를 꺼냈다. 스티븐스와 캐서우드가 그때까지 한 모든 노력이 허사가 될 것인가?

85

돈 호세가 두 남자에게 거래를 제안했다. 두 이방인이 뛰어난 '의사'라는 소문을 들었기 때문이다. 두 사람은 가져온 약으로 원주민들을 기꺼이 치료해준 일이 몇 번 있었다. 돈 호세는 자신의 병든 아내를 낫게 해준다면 유적에 접근하도록 허락하겠다고 말했다. 그래서 그들은 총림을 뚫고 돈 호세의 오두막으로 함께 갔다. 오두막은 이 마을 풍습대로 옥수숫대로 만든 지붕을 이고 있었다. 멀리서부터 커다란 비명 소리가 그들을 맞았다. 오두막에 들어서니 돈 호세의 아내는 소가죽으로 만든 침대에서 이리저리 뒹굴고 있었다. 그러다가 남자들을 보자 무릎을 꿇으며 도와달라고 애원했다. 여자는 열이 높았고 맥박도 빠르게 뛰고 있었다. 스티븐스는 여자가 말라리아에 걸렸다는 사실을 곧바로 알아차렸다. 코판의 주민들에 대해 그들이 들었던 바와 꼭 같았다. 스티븐스는 만약을 위해 지니고 다니던 물약을 여자에게 주고 반드시 침대에서 휴식을 취해야 한다고 말했다.

다음 날 아침 그들은 돈 호세의 허락을 받아 몇몇 일꾼과 함께 유적지로 향했다. 숲이 너무 울창한 나머지 유적이 더 있는지 체계적으로 알아보기가 불가능했다. 숲을 태워버린다면 어떨까 생각했지만 너무 무모한 짓일 터였다. 그리고 어차피 건기에나 가능한 일이었다. 어떻게 해야 좋을지 상의한 그들은 이미 찾은 발굴지에 집중하면서 그중 가장 흥미롭게 여겨지는 고대 예술품인, 조각으로 장식된 기둥을 그리기로 결정했다. 이 목표를 위해 캐서우드는 기둥에 새겨진 조각을 자세히 관찰해야 했다. 하지만 정글의 희미한 빛 속에서는 세세한 부분을 살피기가 힘들었다. 나뭇잎이 빽빽하게 들어차 있어 햇살은 들어오지 않는 것이나 마찬가지였다. 주위 나무들을 넘어뜨릴 수밖에 없었다. 작업 연장이라고는 오직 마체테 칼뿐이었다. 그 칼은 덤불이나 나뭇가지를 베어 길을

프레더릭 캐서우드

1799년 2월 27일~1854년 9월 27일

건축가, 화가, 삽화가, 일명 마야 문명의 발견자

삽화가로 일하던 캐서우드는 존 로이드 스티븐스
와 함께 중앙아메리카로 탐사 여행을 떠났다. 표현
력이 뛰어난 그의 삽화는 유럽과 아메리카에서 돌
풍을 일으켰고, 토착 아메리카 문화라는 생소한
분야에 관심의 불을 붙였다. 뉴펀들랜드섬 해안에
서 배가 침몰해 사망했다.

트는 데는 적합하지만 커다란 나
무를 쓰러뜨리는 데는 쓸모가 없었
다. 땀을 뻘뻘 흘리며 수고스러운
작업을 한 뒤 캐서우드는 마침내
그림을 그릴 수 있었다.

스티븐스는 시간을 내 또 다른
탐사에 나섰다. 그는 동행한 젊은
인디오 두 명에게 다듬어진 돌을
발견하면 보답을 하겠다고 약속했
다. 얼마 후 한 인디오가 입상의 발

과 다리를 발견하고 다른 인디오가 몸통을 발견했다. 흥분한 두 인디오는 마체
테 칼로 바닥을 한참 동안 파헤쳤다. 마침내 전체 형상이 발견돼 한데 맞춰졌
다. 그들은 열의에 불타올라 남은 폐허도 조사했다. 적어도 수백 년 동안 부근
의 정글에 발을 들여놓은 사람은 없는 것 같았다. 원시림이 얼마나 빨리 무성
해져 모든 것을 뒤덮는지를 감안한다 해도 유물이 어느 정도 오래되었는지 짐
작하기가 어려웠다.

그날 오후 코판 주위의 숲에서 스티븐스는 50점 이상의 유물을 발견했고 몇
시간 후에야 캐서우드에게 돌아왔다. 캐서우드는 스티븐스의 보고에 한편으로
는 기뻐하고 한편으로는 낙담했다. 새로운 발굴물은 화가인 그에게 엄청나게
많은 일거리를 뜻했기 때문이다. 캐서우드는 발목까지 차오르는 진흙땅에 서서
그림을 그리면서 살인적인 모기들을 피하려고 손에 장갑을 꼈다. 더욱이 그리
고 있는 석비의 문양이 너무나 복잡해 문제가 커졌다. 카메라 루시다를 투입해

존 로이드 스티븐스

1805년 5월 28일~1852년 10월 13일
변호사, 외교관, 아마추어 고고학자, 여행가,
일명 마야 문명의 발견자

미합중국의 대사였던 그는 공식적으로 중앙아메리카에 파견되었다. 이후 중앙아메리카에서 시작해 고대 유적지로 여행을 감행했고 캐서우드와 함께 여러 마야 유적지를 발견하고 발굴했다. 그의 저서 『중앙아메리카, 치아파스, 유카탄 여행』은 세계적인 베스트셀러가 되었다. 47세에 말라리아로 사망했다.

도 일은 간단해지지 않았다. 스티븐스는 무척 염려가 되었다. 캐서우드의 그림 없이는 이번 임무 전체가 아무 가치가 없다는 것을 너무 잘 알기 때문이었다.

다음 날 스티븐스는 돈 호세 마리아를 찾아가 유적 값으로 얼마를 원하느냐고 단도직입적으로 물었다. 남자는 마치 병든 아내를 팔라는 부탁을 듣기라도 한 것처럼 깜짝 놀라 스티븐스를 빤히 쳐다봤다. 그는 유적을 아무 가치가 없다고 여겼기 때문에 둘 중 제정신이 아닌 사람이 누구인지 모르겠다고 생각했다. 돈 호세는 아내와 상의해보겠다며 답변을 피했다. 다음 날에도 돈 호세가 망설이자 스티븐스는 유명한 장군의 일필휘지 서명이 든 추천서를 보여주었다. 돈 호세는 감탄하면서도 확실한 결단을 내리지 못했다. 스티븐스는 결국 마지막 패를 꺼내 들었다. 그 패는 트렁크 안에서 나왔다. 그는 외교 임무를 띤 공식 담당자로서의 자신을 보여주는 제복을 입었다. 독수리 장식이 있는 금빛 단추와 멋진 천! 눈앞에 미국인이 등장하자 돈 호세는 입을 떡 벌렸다. 그는 크게 감동했고 이후 스티븐스가 더러운 파나마모자를 쓰고 체크무늬 셔츠와 지저분한 흰 바지에 제복을 입고 있어도 그 감동을 잊지 않았다. 이후 스티븐스 덕택에 아내의 병세가 나아지자 돈 호세는 계약서에 서명을 하고 코판을 50달러에 팔았다.

1839년부터 1840년까지 2년 동안 스티븐스와 캐서우드는 중앙아메리카 정글을 조사했으며, 한때 마야인들이 살았던 지역을 탐사하고 측량했다. 그들은 자신들의 발견을 책으로 출간했는데, 이 책은 하루아침에 세계적인 베스트셀러가 되었다. 캐서우드의 정취 넘치는 그림 덕분이기도 했다.

남은 이야기

그때까지 알려지지 않았던 문화의 유적을 처음 발견했을 때 스티븐스와 캐서우드는 이것이 스페인 정복 이전의 위대한 아메리카 고도 문명, 즉 마야 문명의 예술품이라는 사실을 알지 못했다. 그렇지만 이 예술품을 인디오가 만들었으리라는 추측은 옳았다. 오늘날 스티븐스와 캐서우드는 마야 문명의 발견자 내지 이 지역에 대한 연구자들의 관심을 일깨운 사람들로 여겨지고 있다. 또한 두 사람이 쓴 책들 역시 흥미진진하고 재미있는 읽을거리로 남아 있다.

1884년 출판된 캐서우드의 마야 신전 그림.

캐서우드가 그린 돌기둥 그림.

할슈타트 공동묘지
람자우어, 철기시대 무덤을 발견하다

1846년 11월, 오스트리아 오버외스터라이히 알프스에 있는 할슈타트. 비에 사방이 촉촉이 젖어 있는 아침. 잘츠카머구트의 산악지대로부터 안개 낀 여명이 힘겹게 올라오고 있었다. 할슈타트 호수 위쪽, 접근이 어렵고 높은 데다 바로 옆이 100미터 높이의 낭떠러지인 골짜기에서 여러 명의 인부들이 곡괭이와 삽으로 돌투성이 땅을 파고 있었다. 다들 모자를 얼굴 위로 푹 눌러쓰고 재킷의 깃은 높이 치켜 올렸다. 그들은 자갈을 채굴할 갱을 만들어야 했다. 유쾌하지 않은 날씨에 유쾌하지 않은 작업이었다.

한순간 땅을 파던 한 인부의 곡괭이에서 기이한 소리가 났다. 다들 놀라서 작업을 멈췄다. 인부의 발치에서 소름 끼치는 뭔가가 발견됐다. 다른 인부가 상사에게 달려갔다. 산을 관할하고 있는 요한 게오르크 람자우어Johann Georg Ramsauer에게 간 것이었다. 흥분한 인부는 이상한 것을 발견했다고 외쳤다. 람자우어는 하던 일을 멈추고 인부를 따라 서둘러 갱으로 갔다. 작업장에 도착하자 가쁜 숨을 몰아쉬며 발굴물을 꼼꼼히 살펴봤다. 앞에 놓인 것은 의심할 여지 없이 인간의 두개골이었다.

람자우어는 경험 많은 광부였던지라 이런 뜻밖의 일에 대한 준비가 되어 있었다. 수천 년 전부터 귀중한 소금을 채굴해온 이 외딴 곳에서 그는 여러 해 동안 일하고 있었다. 사실 이전부터 소금 광산의 깊은 곳에서 인간이 살았던 흔적이 발견되고 있었다. 1734년에는 '소금 속의 남자'가 발견되었다. 또 손도끼, 괭이, 나무 삽과 같은 연장들도 나타났다. 이것들은 소금 덕분에 매우 잘 보존되어 마치 어느 광부가 잠깐 손에서 내려놓은 것처럼 보일 정도였다. 이 모든 것이 발견된 곳은 소금산 속이었는데 이번에 람자우어와 삽질하는 인부들이 서 있는 곳은 탁 트인 하늘 아래, 마을에서 300미터 위쪽에 있는 초원이었다.

소금 미라는 산속에 완전히 박혀 있었다. 남자는 아마도 기원전 350년경 갱 내 사고로 매몰된 듯했다.

람자우어는 작업을 중단하라고 지시하고 부근의 지면을 샅샅이 뒤지게 했다. 해골 하나를 찾았다면 분명 그보다 더 많은 것이 숨어 있을 테니까. 실제로 그러했다. 할슈타트 발굴 첫날 인부들은 사람 뼈를 더 발견했다. 총 일곱 구로 여러 연령의 남녀 뼈였다. 뼈는 대부분 같은 방향으로 누워 있었고, 두개골의 얼굴은 골짜기 입구를 향하고 있었으며, 두 팔은 가슴 위에 교차하여 놓여 있었다.

람자우어는 자신이 맞닥뜨린 곳이 어딘지 금세 알아차렸다. 아마도 선사시대의 묘지일 터였다. 무덤들에는 청동으로 만든, 또 그보다 훨씬 단단한 철로 만든 화려한 부장품들이 있었다. 그는 장신구, 무기, 아름다운 검과 그릇들을 발견했다. 또 발트해에서 나는 호박과 지중해의 유리, 상아도 찾아냈다. 할슈타트 사람들은 아주 유복하게 살았음이 틀림없었다. 놀라운가? 과거에 할슈타트의 소금은 금보다 비쌌다! 람자우어는 뜻밖에 등장한 과거의 증거들에 매혹되었다. 발굴물의 정확한 의미는 훗날에 밝혀지겠지만 우선 묘지를 세심하게 조사하고 후세를 위해 증거를 보존할 필요가 있었다.

람자우어 시대 이전에 약 700기의 무덤이 진가를 알아보지 못하고 파괴되었다.

람자우어는 시간과 돈을 들여 자갈 갱을 발굴지로 만들었다. 점점 더 많은 무덤들이 모습을 드러냈다. 그의 발굴은 학계에서만 반가운 일이 아니었다. 그 일은 사회적 사건이 되었다. 오스트리아 황실의 여름 별장이 있는 이슐에서 고귀한 신분의 손님들이 해골을 관찰하며 등골이 오싹해지는 경험을 하기 위해 이곳을 찾아왔다. 람자우어는 신경 써서 손님 맞을 준비를 하곤 했다. 관람용

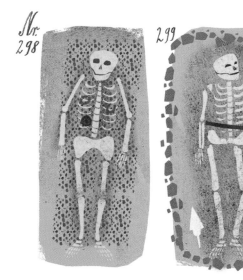

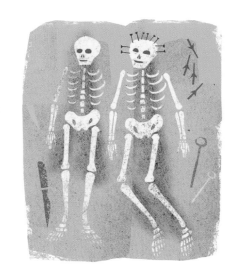

묘를 꾸미고, 뚜껑이 있는 관 비슷한 나무 궤짝 모양으로 된 특별한 장치를 만들었다. 은화 한 닢을 지불하면 뚜껑을 열고 안을 들여다볼 수 있었다.

마침내 그의 경력에서 절정의 순간이 찾아왔다. 오스트리아 황제 프란츠 요제프 1세가 젊은 아내 엘리자베트 황후를 대동하고 방문하겠다고 알려온 것이다. 당연히 이 손님에게는 돈 투입구가 있는 뚜껑 달린 궤짝보다 더 많은 볼거리를 제공해야 했다. 람자우어는 황제 부부의 눈앞에서 340번 묘지를 열었다. 이 묘지는 특히 호화로웠다. 점토와 청동으로 만든 그릇 여러 점이 완벽히 보존된 형태로 인간의 잔해 옆에 놓여 있었다. 게다가 호박과 금과 청동 장식도 있었다. 이 상황을 행운의 운명으로 간주할 만큼 감동받은 황제는 발굴자에게 왕관 장식이 달린 황금 공로 십자 훈장을 수여해 감사를 표했다. 영리한 람자

우어가 이 모든 것을 세심하게 준비했다는 사실은 당연히 알지 못했다.

그 후 몇 년간 람자우어는 묘지를 체계적으로 연구하는 데 진력했다. 날씨가 허락하고 감독관으로 작업이 가능할 때면 그는 언제나 발굴지에 있었다. 1863년 은퇴할 때까지 980기의 무덤을 발굴했으며, 마지막 무덤 역시 처음 발견

할슈타트 문화

할슈타트의 묘지가 의미 있는 까닭은 중부 유럽의 초기 철기시대 사람들에 대해 그처럼 다양한 추론이 가능한 곳이 달리 존재하지 않기 때문이다. 그 시기에는 아직 글로 된 전승이 없었고, 19세기가 되어서야 비로소 그 시대가 알려졌다. 할슈타트는 소금 교역으로 선사시대의 가장 중요하고 부유한 무역 중심지로 자리매김했다. 당시 이곳 사람들은 문화를 찬란하게 꽃피웠다. 할슈타트는 오늘날 '할슈타트 문화'와 같은 의미로 쓰이며 이 지역에서 처음으로 철을 사용했던 기원전 약 800년부터 450년의 원시시대 생활공간을 일컫는다.

요한 게오르크 람자우어
Johann Georg Ramsauer

프란츠 요제프 1세 황제
Kaiser Franz Joseph I

엘리자베트 황후
Kaiserin Elisabeth

한 무덤처럼 세세한 기록을 남겼다. 또한 당시로서는 흔치 않은 일을 하기도 했는데, 바로 발굴물을 그리게 한 것이다. 오늘날에 봐도 놀랄 만한 방식이었다. 또한 유물을 측량하고 묘사하도록 했다. 후세를 위해 기록으로 작성해 남긴 것이다. 그는 발굴물, 보고문, 발굴계획서를 빈에 있는 황실과 왕실 화폐 및 고대 예술품 수집실의 상급 담당자들에게 보냈다. 상사들은 마침내 람자우어의 발굴을 재정적으로 지원하기로 결정했다. 은퇴한 지 11년 뒤인 1874년 람자우어는 오스트리아의 린츠에서 사망한다.

남은 이야기

람자우어는 전문 교육을 받지 않은 고고학자였기 때문에 도자기 같은 발굴물에 별 관심을 두지 않고 쓰레기로 버리는 등의 잘못을 많이 범했다. 그럼에도 오늘날 학자들은 그의 자세한 기록을 높이 평가한다. 한편 람자우어는 자신이 묘지를 전부 찾아냈다고 믿었지만 틀린 생각이었다. 1907년 역사를 연구하는

데 열정적이었던 마리아 폰 메클렌부르크 대공녀가 황제의 허락을 받고 할슈타트에 와서 26기의 묘지를 더 발견했다. 또한 1937년에서 1939년까지 당시 할슈타트의 박물관장 프리드리히 모르톤의 지휘 아래 또 한 번 수백 기의 묘지가 모습을 드러냈다. 그리하여 오늘날까지 총 1,300기의 무덤이 발견되었다.

람자우어가 죽은 해에 학자들은 철기시대 초기를 놀라운 발굴물이 나온 할슈타트의 이름을 따 '할슈타트 문화'라 지칭하기로 결정한다. 그 후로도 오래도록 발굴지를 넘어 넓게 뻗어 있는 할슈타트 시대와 문화 연구가 끝나지 않았다. 1977년부터 할슈타트의 묘지는 유네스코 세계문화유산으로 지정되어 전 세계에서 이 작은 산마을로 방문객을 불러 모은다.

마리아 대공녀가 사망한 뒤 그녀의 발굴물은 뉴욕에서 경매에 부쳐져 전 세계의 여러 박물관으로 갔다. 여러 박물관들이 할슈타트 발굴물의 운명을 공유하고 있는 셈이다.

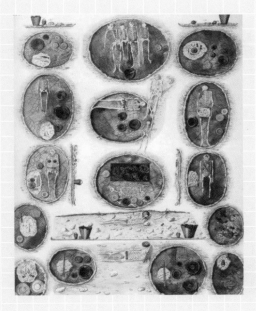

람자우어가 그리게 한 발굴 당시의
할슈타트 매장지 그림.

할슈타트 유골 보관소의 인골들.

가장 큰 종교 건축물 앙코르와트
곤충학자 무오, 전설의 사원을 마주하다

1859년 캄보디아의 정글. "탕!" 첫 발이 적중했다. 호랑이가 벼락을 맞은 듯 쓰러졌다. 작은 마을의 주민들은 환호성을 올리며 사격수를 영웅이라 칭송했다. 총을 쏜 사람은 프랑스라는 먼 나라에서 온 앙리 무오Henri Mouhot였다. 총을 쏠 줄 아는 그의 재능은 원시림 한가운데서 살 때 가치가 높았다. 그곳에는 호랑이와 표범을 비롯한 야생 동물들이 마을 사람들을 불안과 공포에 몰아넣고 때로는 마을 주민을 통째로 삼키기까지 했다. 그러므로 마을 사람들이 앙리 무오에게 감사의 마음을 전할 때 코뿔소 사냥보다 더 나은 것은 없었다.

나라가 다르면 풍습도 다른 법. 이곳 먼 동쪽 나라 역시 앙리 무오의 고향인 유럽과 많은 것이 달랐다. 호랑이를 죽인 다음 날 그는 일곱 명의 원주민과 함께 사냥에 나섰다. 원주민들은 자신들만의 일상적인 무기를 갖추고 있었다. 대나무 막대기에 고정한 쇠 칼날과 황새치의 긴 주둥이였다. 무오는 자신의 총에 의지했다. 그들은 원시림의 빽빽한 숲 속으로 들어갔다.

얼마 후 나뭇가지가 부러지고 마른 잎이 바스락거리는 소리가 들렸다. 그러더니 그들이 찾던 동물이 예기치 않게 입을 떡 벌리고 울부짖으며 곧바로 그들에게 달려들었다. 한 번도 본 적 없는 거대한 코뿔소였다. 사냥단의 길잡이 원주민이 황새치 주둥이 칼을 뻗으면서 필사적으로 코뿔소에게 달려들어 목을 깊숙이 찔렀다. 코뿔소는 피를 철철 흘리며 털썩 주저앉더니 숨을 그르렁거리며 쓰러졌다. 길잡이는 프랑스에서 온 귀빈을 손짓으로 불러 사냥을 종결하는 '명예'를 넘겨주었다. 무오가 달리 어떻게 하겠는가? 그는 총을 겨눠 불쌍한 짐승을 쐈다.

이 프랑스 연구자는 라오스, 샴(오늘날의 태국), 캄보디아와 같은 먼 동쪽 나라를 여행하는 동안 진기한 것을 수없이 접했다. 바로 그런 것 때문에 그는 이곳에 있었다. 바로 그것이 그가 길고 힘들고 어려운 여행을 하는 이유였다. 미지의 것, 전에는 본 적이 없는 것이 그를 유혹했기 때문이다. 특히 동물들. 여행하는 동안 자의로든 타의로든 만난 큰 동물들이 아니라 아주 작고 때로는 적잖이 위험한 동물들, 바로 곤충들이었다. 물어서 피를 빨아먹는 생물들이 피부에 남긴 핏빛 상처를 보고 있노라면, 자신이 이 생물들을 모두 같은 정도로 높이 평가한다고 말하긴 어려웠지만, 그래도 그 종 전체에 과학적 관심이 있는 것은 분명했다.

딱정벌레든 파리든 나비든 먼 타국인 이곳에서는 정말 다양한 종류가 발견됐다. 원시림 탐험을 갈 때마다 주위를 잠깐 둘러보기만 해도 무오는 어떤 학자도 기술한 적 없는 새로운 종을 수천 가지나 찾아낼 수 있었다. 작은 동물들이지만 과제는 엄청났다! 하지만 놀랍고 새로운 생물을 발견하는 것은 무오만이 아니었다. 그 자신도 관심의 대상이 되었다. 탐색을 나선 길에서 원주민들

은 걸음을 멈추고 눈을 크게 뜨고 입을 떡 벌린 채 연구자를 응시하며 관찰했다. 저 남자는 정글에서 대체 뭘 찾는 걸까?

이런 이유로 캄보디아의 옛 수도 우동에서 다름 아닌 왕 노로돔 1세가 이 외국인을 주목하고 궁전으로 데려오라는 전언을 보냈다. 무오는 조심스러웠다. 이 나라에서 가장 높은 권력자 앞에 더러운 여행복 차림으로 나설 수는 없었다. 그는 자신의 짐이 오기를 기다려 옷을 갈아입고 싶다고 노로돔의 신하에게 알렸다. 그러자 왕 본인도 아무것도 입고 있지 않으니까 아무 문제 없다고 왕의 사자가 친절하게 단언했다. 그를 만나는 기쁨이 격식보다 훨씬 중요하다는 말이었다.

프랑스인은 호기심을 갖고 뜻하지 않은 초대에 응했다. 알현실에 서자마자 고상하고 친절하게 보이는 젊은 왕이 방으로 들어서더니(당연히 왕은 의복을 완전히 갖춰 입고 있었다) 그를 반갑게 맞으며 주의 깊게 훑어보았다. 노로돔은 그가 고향에서 먼 이국땅에서 무엇을 하는지 알고 싶어 했다. 왕은 손님이 곤충을 연구하기 위해 프랑스로부터 힘든 길을 떠나 이곳에 왔다는 말을 듣고 놀라면서도 기뻐하는 듯했다. 이상한 괴짜로구나. 정치적 임무를 띠고 길을 떠난 것이 아니니 이 사내는 위험한 인물이 아니겠구나. 하지만 그는 이야기를 익히 들어 높이 평가하게 된 유럽 '동료' 나폴레옹 보나파르트와 같은 프랑스인이 아닌가. 왕은 손님을 눈여겨보면서 함께 담배를 피우고 음식을 먹었다. 그런 다음 축음기를 틀어 프랑스 국가인 〈라 마르세예즈〉가 힘차게 울려 퍼지게 했다. 그리고 손님에게 그가 왕의 사실에 들어오도록 허락받은 첫 외국인임을 밝혔다. 작별 인사를 할 때 왕은 마음에 담고 있는 소원이 있으면 말해보라고 청했다. 무오는 여행을 쉽게 할 수 있는 왕의 통행허가서를 부탁하면서 짐을 운반할 짐승이 있다면 내달라고 덧붙였다. 곧 젊은 곤충 연구자는 원하던 허가서를 재킷 주머니에 넣고 두 마리의 코끼리와 함께 길을 떠나게 되었다.

하지만 정글 도처에 잠복해 있는 적이 왕의 명령 따위라며 콧방귀나 뀐다면 왕의 코끼리와 통행허가서가 무슨 소용일까? 더위도 그런 적이었다. 이른 아침 부터 무오가 고용한 맨발의 하인들은 뜨거운 바닥 때문에 더 이상 걸을 수가 없었다. 심지어 짐수레를 끄는 소들도 일을 거부했다. 그러더니 얼마 후에는 장맛비가 내렸다. 땅에 물이 넘쳐 길이 강으로 변해버렸기 때문에 코끼리가 없었 더라면 무오는 단 한 걸음도 나아가지 못했을 것이다. 왕에게 감사를!

몇 주 뒤 정글을 힘들게 뚫고 나온 연구자는 갑작스럽게 나타난 거대한 궁전 앞에서 걸음을 멈추고 사랑하는 곤충들을 바라보았다. 처음에는 단지 기이한 건물의 흐릿한 윤곽밖에 보이지 않았다. 열대 무화과나무와 촘촘하게 자란 덩굴 식물들이 궁전을 단단히 붙들고 있었다. **빽빽한** 총림이 시야를 가렸음에도 그는 다섯 개의 연꽃 모양 사암 탑을 알아보았다. 탑들은 수많은 주랑과 계단식 축대, 빗물이 가득 찬 수조들로 에워싸여 있었다. 수조 물 위에는 수많은 연꽃이 둥둥 떠 있었다.

'수도의 사원'이라는 뜻의 앙코르와트는 캄보디아에서 가장 큰 사원이지만 1,000개(크메르 전 제국에 800개에서 1,300개가 생겼다)가 넘는 사원 가운데 하나에 불과하다. 이 사원은 돌을 다듬어 만든 거대한 산처럼 한때 도시에 우뚝 솟아 있었다.

기이하고 예기치 않은 아름다움 앞에서 무오는 말을 잃었다. 건물은 온통 예술 작품과 신비로운 부조로 장식되어 있었다. 무오는 자랑스러운 신들과 사악한 악마들, 엄청나게 거대한 뱀과 우아한 무희들의 모습에 압도되었다. 이 예술품은 그가 이제껏 본 것 가운데 가장 아름다운 작품이었다. 혹시 낙원에 온 것은 아닐까? 아니었다. 무오는 정글 속에 숨어 있는, 세계에서 가장 큰 사

원 도시의 폐허 앞에 서 있었던 것이다. 그는 일기장에 이렇게 썼다.

"그리스인과 로마인이 남긴 모든 것보다 위대한, 거인들의 작품이다."

의미심장한 말이었다. 당시 유럽에서는 아테네의 파르테논 신전이나 로마의 판테온 신전보다 더 굉장한 건축물을 상상하기 힘들었기 때문이다. 그런데 캄보디아의 깊은 정글에서 발견한 이 건축물을 보라!

무오는 찬란한 유적 근처에 3주 동안 머물면서 유적을 스케치하고 관찰해 글을 쓰면서 한때 이러한 건축물을 지었던 나라가 어째서 그가 날마다 목격하듯이 형언할 수 없는 빈곤에 떨어졌을까 골똘히 생각했다. 그는 원주민들에게 정보를 얻으려 했지만 그들도 아는 바가 없었다. 그들은 거인들이 이곳을 만들었다고 정말로 믿는 듯했다. 그들에게도 이 전설적인 장소는 설명할 수 없는 수수께끼였다.

무오는 길을 재촉했다. 1861년 7월 그는 자신이 병에 걸렸음을 알아차렸다. 며칠 뒤에는 펜을 잡기 어려울 정도로 약해졌다. 보통 때는 상세하게 적어나가던 일기가 점점 짧아지고 드문드문해지다가 그달 29일에 마지막 문장을 남겼다.

"오, 신이시여. 저를 불쌍히 여기소서."

그는 11월 10일 루앙프라방 근처에서 35세에 말라리아로 사망했다. 하인들은 주인의 시신을 이곳의 통례처럼 나무에 매다는 것이 아니라 기독교 관습에 따라 매장하도록 배려했다. 또한 프랑스에 홀로 남은 아내에게 남편의 귀중한 유품들을 전달하는 일도 자신들의 책무로 여겨 잊지 않았다.

크메르 문화

전설에 따르면 옛날 크메르 제국을 통치한 것은 왕이 아니라 신들이었다. 9세기 초 크메르어를 쓰는 민족이 캄보디아 지역을 지배했다. 성공적인 농업 경영으로 제국은 대단히 유복해졌으며, 영토를 확장하여 단시일 내에 동남아시아에서 가장 큰 강대국이 되었다. 지금은 흔적 하나 없이 모조리 사라져버린 집에서 사람들은 검소하게 살았다. 요컨대 자신의 재산을 다른 곳에 썼던 것이다. 힌두 신들의 힘을 인간과 지상으로 옮겨오기 위해 그들에게 거대한 사원을 세워주고 그 사원을 조각으로 장식했다. 앙코르와트는 비슈누 신에게 바친 사원인 동시에 크메르 통치자 수리야바르만 2세(재위 1113~1150년경)의 묘역이기도 하다.

남은 이야기

앙리 무오가 죽은 뒤 유럽에서 출판된 스케치와 기행문이 화제를 일으켜 짧은 시일 내에 엄청나게 판매되었다. 머나먼 동남아시아의 깊은 정글에서 그런 보물을 찾으리라고 누가 기대했을까? 갑자기 너도나도 이곳을 탐사하기 위해 길을 떠났다. 어떤 이들은 탐욕에서, 어떤 이들은 호기심에서 가고 싶어 했다. 그러면서 몇몇 비밀들이 하나씩 밝혀졌다. 앙코르와트는 크메르라는, 동남아시아에서 가장 영향력 있는 고도 문명의 하나이며, 앙코르는 당시 세계에서 가장 큰 도시였다는 사실이 드러났다. 앙코르와트는 고고학적으로 세계적인 기적이라 평가받으며 오늘날까지 계속 연구되고 있다. 그렇지만 몰락의 수수께끼는 아직도 드러나지 않았다. 1992년 세계에서 가장 큰 종교적 건축물로 유네스코 세계문화유산에 등재되었다.

앙리 무오가 그린 앙코르와트 사원.

폼페이에서 살아난 고대인들
피오렐리, 잿더미 속 인물의 석고본을 뜨다

1863년 폼페이. 발굴 인부 가운데 한 사람인 프란체스코가 돌처럼 딱딱한 바닥에 곡괭이를 힘차게 내리꽂았다. 발굴단장인 주세페 피오렐리Guiseppe Fiorelli가 옆에 서서 그 모습을 몹시 주의 깊게 지켜보았다. 피오렐리 덕택에 이곳 폼페이는 처음으로 체계적인 발굴이 이루어지고 있었다. 이 고고학자는 특별한 계획을 세웠다. 화산재에 묻힌 도시 폼페이를 단순히 발굴만 하는 것이 아니라 다시 소생시킨다는 계획이었다!

약 1,800년 전 베수비오산이 폭발하면서 2만 명의 주민과 함께 매몰되어 수백 년 동안 잊혔던 도시 폼페이가 부활을 앞두고 있었다. 피오렐리는 그것을 가능하게 할 방법을 발견했다. 충격적이라 할 만한 방법이었다.

프란체스코가 다시 곡괭이를 있는 힘껏 내려쳤다. 피오렐리가 조심하라고 주의를 주었다. 그 순간 거짓말처럼 그들의 발 앞에 구멍 하나가 나타났다. 고고학자는 기대에 부푼 채 다가가 돌처럼 딱딱한 땅속에 생긴, 팔뚝 정도 깊이

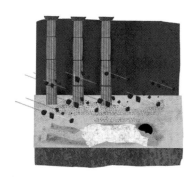

의 구멍을 살펴봤다. 바로 이런 빈 공간이 나타나기를 바랐다. 그리고 이 구멍이 어디서 비롯됐는지 알 것 같았다. 빈 공간은 폼페이를 발굴하는 동안 여러 번 발견됐는데 다들 비슷해 보였고 윤곽이 분명했다. 피오렐리는 인부에게 쉬라는 신호를 보냈다. 이제 그가 오래전부터 준비한 것을 투입할 차례였다. 이 계획이 성공할까 긴장한 피오렐리는 준비한 석고 가루를 물에 섞고 잘 휘저은 뒤 이 반죽을 커다란 깔때기로 빈 공간에다 부었다. 이제 기다리는 일만 남았으므로 집으로 돌아갔다.

다음 날 인부들은 딱딱하게 굳은 석고를 신중하게 들어 올렸다. 잠시 후 작업을 마친 일꾼들이 삽을 옆에 내려놓고 한 걸음 뒤로 물러섰다. 모두 숨을 죽였다. 마침내 드러난 광경을 보고 다들 오싹해했다. 한 남자의 윤곽이 뚜렷하게 나타났기 때문이다. 재료 때문에 기괴할 정도로 하얀 석고상은 돌처럼 딱딱한 용암재 속에서 빈 공간으로 남아 있던 시신의 모습을 아주 세세한 부분까지 모두 보여주고 있었다. 몸과 의복, 팔과 다리의 맨살, 발에 신은 샌들, 가볍게 치켜든 왼손, 그 손가락 끝에 보이는 뼈, 부릅뜬 눈과 딱 벌린 입. 잿빛 용암 한가운데에는 아무것도 없었다. 빈 공간은 1,800년 전 순식간에 사라져버린 사람의 목숨임이 드러났다. 하얀 석고의 몸속에는 역사상 가장 극적이고 오랫동안 잊힌 순간이 담겨 있었다.

피오렐리는 두 눈을 감았다. 이글이글 뜨거운 화산재의 비가 느껴졌고, 불을 토하며 모든 것을 절멸시키는 화산의 굉음이 삼켜버린 남자의 절망적 비명이 들리는 것만 같았다. 고고학자는 그날 본 것을 훗날 이렇게 기술했다.

"죽음은 조각가처럼 자신의 제물을 입체적인 형태로 새겨놓았다."

베수비오 화산의 재앙은 기록으로 남겨진 최초의 화산 폭발이다. 작가 소(小) 플리니우스는 그 자신이 이 사건을 체험했으며, 후에 역사가 타키투스에게 두 통의 편지를 보내 화산 폭발 목격담을 전했다.

다음 며칠 동안 인부들은 주형 석고상을 몇 개 더 만들었다. 가라앉은 폼페이의 말 없는 증인들, 최후를 맞은 도시의 주민들. 그중 둘은 여자임이 드러났다. 어머니와 딸이 분명했다. 그들은 나란히 누워 삶의 마지막 순간 서로를 위해 할 수 있었던 유일한 행동을 하고 있었다. 소녀는 두 팔을 들고 입을 벌린 채 절망적으로 죽음과 투쟁했음이 틀림없었다. 피오렐리는 그 모습을 보고 마음이 아팠다.

폼페이의 죽은 자들을 '부활'시키기 위해서는 굳이 혁신적인 기술이 필요하지 않았다. 오로지 석고와 물과 깔때기, 그리고 석고를 높은 압력으로 구멍 속에 압착시키는 특수 주입기만 있으면 그만이었다. 확실한 것은, 그런 시도를 하는 사람은 이곳 땅 밑에 박물관이 아니라 한때 인간이 살았던 살아 있는 도시가 있다는 것을 분명히 알아야 한다는 점이었다.

체계적인 발굴을 논할 수 없었던 과거는 말할 것도 없고 폼페이에서 고대의 유적을 찾기 위해 바닥이 파헤쳐지기 시작한 후부터 사람들은 특히 벽화와 조각, 가구와 비문들에 주목했다. 피오렐리도 당연히 이 모든 것에 관심이 있었다. 그러나 그런 유물들은 아주 아름답고 값지긴 해도 한때 그곳에 살았던 사람들에 대해서는 실제로 말해주는 바가 없었다. 누가 끼었는지를 모른다면 반지가 무슨 의미가 있을까? 누가 날마다 바라보았는지 모른다면 벽화가 무슨 의미가 있을까?

피오렐리의 관심사는 인간과 모든 개개인의 운명이었다. 그렇지만 그것은 당시 사람들에게는 전혀 당연한 생각이 아니었다. 사실 폼페이 주민들의 흔적을 좇을 기회는 오래전 사라진 듯 보였다. 이곳은 피오렐리가 연구를 시작하기 약 300년 전에 이미 발견되었기 때문이다. 이탈리아 건축가 도메니코 폰타나가 1592년 수로 공사 중에 '폼페이'라는 이름이 새겨진 석판을 발견했다. 그 뒤 150년 동안 사람들은 그것에 주목하지도 않았고 이 장소를 고대 문헌에서 언급한 도시와 연관 짓지도 않았다.

1748년부터 나폴리 왕 카를로스 3세가 폼페이에서 발굴을 시도하는 동안에도 도시의 불운한 주민들이 아니라 값진 물건들, 청동과 대리석 조각, 남아 있는 모자이크가 관심의 대상이었다. 무엇보다도 벽화가 큰 주목을 받았다. 왕의 박물관과 궁전들의 호화로운 홀들은 벽화로 채워졌을 것이다. 또한 들

폼페이의 몰락

지진이 폼페이만을 뒤흔든 며칠 뒤, 서기 79년 8월 24일 아침에 재앙이 찾아왔다. 베수비오산이 폭발한 것이다. 1킬로미터 높이의 불기둥이 화산에서 솟구쳤다. 불과 몇 분이 지나지 않아 믿을 수 없을 정도로 큰 재 구름이 하늘을 검게 뒤덮어 밝은 여름의 한낮을 밤으로 만들었다. 곧 용암과 재와 속돌이 폼페이와 그 주민들에게 후드득 쏟아졌다. 다음 날 이른 아침이 되자 이글거릴 정도로 뜨거운 기둥들이 베수비오산 꼭대기 위로 자신의 무게를 이기지 못하고 무너져 내렸다. 800도의 뜨거운 가스와 재와 용암이 산 아래로 엄청나게 쏟아져 폼페이에 아직 목숨이 붙어 있는 모든 것들을 죽였다. 도시는 12미터 두께의 잿더미와 돌 아래에 매몰되었다.

판에서 일하는 사람들이 장신구들을 발견하는 일이 이어졌는데, 운 좋은 발견자들 역시 이미 죽어버린 주인에게 관심을 갖기보다는 비싸게 팔 수 있는 과거의 예술품이나 큰 관심을 불러일으키는 기념품에 열광했다.

피오렐리가 활동하기 약 100년 전, 독일의 한 젊은 고고학자가 고대 예술에 대한 이해가 달라질 초석을 마련했다. 그의 이름은 요한 요아힘 빙켈만이었다. 당시 폼페이는 이미 몇 년 전부터 알려져 있었고 빙켈만은 그곳을 여러 번 방문했다. 또한 폼페이와 마찬가지로 화산 폭발 당시 매몰된 나폴리 근처 도시 헤르쿨라네움도 방문했다. 예술에 대한, 고대 예술의 역사를 다룬 선구적인 저서에서 빙켈만은 최초의 고대 연구자로 고대 그리스와 로마의 예술에 과학적으로 접근했다. 이때 빙켈만은 그런 일들을 해냈던 사람들에 대해 숙고했다. 그전까지는 심지어 학문적으로 예술을 관찰할 때도 사람들은 늘 개개 작품들만 골라 들었다. 빙켈만에 이르러서야 처음으로 고대의 전체 예술사가 쓰이기 시작했다.

스타비아에, 헤르쿨라네움, 오플론티스 역시 베수비오 화산이 폭발할 때 재와 암석으로 된 수 미터 두께의 층 아래 매몰되었다. 헤르쿨라네움에서는 1982년 300구의 해골이 발견되었다. 해변의 보트 보관 창고로 피난했다가 거기서 목숨을 잃은 사람들이었다.

그런 그이기에 이 독일 학자는 폼페이의 발굴에 그토록 매혹되지 않았을까? 하나의 도시 전체가 약 1,700년 동안 사라졌다가 마침내 다시 햇빛을 보게 되었고 아울러 일찍이 주민들이 세워놓았던 바로 그 자리에 아직도 예술 작품들이 있었다.

빙켈만이 베수비오 화산에 매몰된 도시들을 방문하고 그에 관한 글을 쓴 이후에 적어도 그의 보고문을 읽은 사람들은 폼페이의 발굴을 다른 눈으로 보았다. 많은 사람들이 전에는 주의를 전혀 기울이지 않았던 사실, 즉 이 발굴지에

주세페 피오렐리

1823년 6월 8일~1896년 1월 28일
고고학자, 화폐수집가,
폼페이 시신의 발견자

피오렐리는 26세의 나이에 이미 폼페이의 발굴 감독 자리를 얻었다. 그는 선임자들과는 달리 발굴에 체계적으로 임했다. 발굴된 것을 안전하게 보호했으며 일상적 발굴물들도 존중했다. 그가 시신들로 인해 생긴 빈 공간을 석고로 채우자는 아이디어를 냈고 그 덕분에 죽은 자들의 실물과 똑같은 모형이 제작될 수 있었다.

한때 사람들이 살았고 또 그들이 존재했다는 증거를 남겼다는 사실이 분명하게 눈에 들어왔다.

피오렐리는 당시 폼페이에 살았던 사람들과 그들이 남긴 흔적을 열정적으로 찾기 시작했다. 그와 대원들은 1863년 2월 처음 빈 공간들을 발굴한 뒤 폼페이 주민들이 비처럼 쏟아지는 화산재와 치명적인 유황 증기를 피해 머문 자리들을 발견했다. 그리고 그런 곳의 특징인 빈 공간에 석고를 채웠다. 약 2만 명의 도시 주민 가운데 많은 사람이 재앙이 일어나는 동안 고장을 떠나지 못했던 것으로 확인됐다. 그들은 집 안에서 위험을 피하고자 했는데 화산재와 비처럼 쏟아지는 뜬돌들의 무게로 집이 종이로 만든 것처럼 무너지리라고는 당연히 생각지 못했다. 피오렐리는 더욱 많은 것을 발견했다. 남자와 여자, 아이들, 심지어는 개까지 있었다. 더불어 이 극적인 상황에 존재한 작별과 절망의 슬픈 순간들을 발견했다. 그는 수백 명의 잊힌 재앙의 희생자들에게 형태를 되돌려주었다.

기자들은 폼페이의 소식을 전 세계로 빠르게 퍼뜨렸다. 피오렐리의 후계자들은 그의 방법에 관심을 갖고 더 많은 주형 석고상을 제작했다. 나중에는 옷의 주름이나

1944년 마지막 폭발 뒤 베수비오산은 '잠자고' 있다. 이 화산이 다시 폭발하면 나폴리를 포함한 인근 도시의 수백만 주민들이 위험에 처하게 된다. 그래서 베수비오산은 세계에서 가장 엄중히 관측되는 화산이다.

표정처럼 아주 섬세한 형태들까지 세세히 표현할 수 있도록 훨씬 더 고운 석고가 사용됐다. 석고로 영원이 남게 된 사람들은 폼페이를 찾는 방문자들의 마음을 끄는 큰 요인이 되고 있다.

남은 이야기

주세페 피오렐리는 폼페이에게 살아 있는 얼굴을 부여해주었다. 그 얼굴은 세계를 뒤흔들었고 현재에도 여전히 모든 폼페이 방문객을 매혹시킨다. 고고학적 발굴에서 최후의 순간을 볼 수 있도록 하는 '인간'을 발견한 적은 그전까지 한 번도 없었다. 피오렐리의 후계자들은 그의 작업을 계승하고 당연히 그의 체계적인 발굴 역시 계속하고 있다. 그리하여 폼페이는 세계에서 가장 크고, 모든 것이 하나로 연결된 도시 유적이 되었다. 오늘날 과학자들은 극복하기 어려운 과제를 앞두고 있다. 거대한 발굴지를 보존하고 붕괴로부터 지키는 일이다. 얼마 전부터 학자들은 현대 의학 기술의 도움을 받아 현존하는 1,000여 구의 석고 시신들을 연구하고 있다. 당시 사람들은 카리에스[1] 병을 알지 못했다는 것을 비롯해 고대 인간의 생활에 대한 많은 지식이 밝혀지고 있다. 전체 발굴지의 중요성은 1997년 유네스코 세계문화유산으로 등재된 데에서 알 수 있다.

---

[1] 뼈의 조직이 파괴되어 고름이 나며 썩어가는 질환.

폼페이의 수로. 징검다리가 남아 있다.

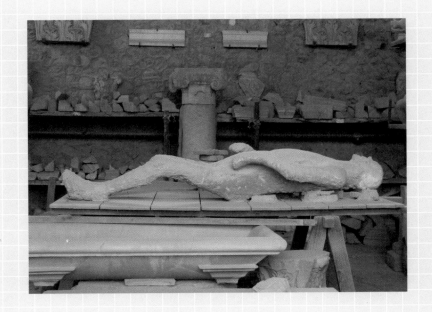

폼페이 유적에서 발굴된 희생자의 석고본.

전설 속의 트로이

슐리만, 어린 시절 꿈꾸던 도시를 찾다

1829년 독일 북부의 마을 앙커스하겐. 가냘픈 소년이 가죽 장정의 두꺼운 책으로 고개를 숙였다. 아버지가 그 책을 읽어줄 때면 일곱 살 소년은 주위의 다른 것을 전부 잊었다. 거의 날마다 마주하면서 가슴을 짓누르는 영상들을 잊었다. 아버지가 어머니를 욕하고 때리는 모습, 마을의 또래 친구가 자신과 놀려고 하지 않는다는 사실을 잊었다. 아버지가 가족을 굶주림에 시달리게 하는 것도 잊었다. 아버지는 목회자였는데, 번 돈을 집에 가져오기보다는 술집에서 쓰기를 좋아했다.

소년은 『어린이를 위한 세계사』의 이야기를 들으면서 다른 세계로 잠겨들었다. 이 책에서 체험하지 못한 것이 무엇일까. 세계의 창조, 노아의 방주 건설과 홍수, 바빌로니아인, 아시리아인, 고대 이집트인들에 대해서도 들었다. 아버지와 아들은 그리스 영웅들에 몰두했다. 하인

트로이는 오늘날까지 트로이 전쟁과 이때 그리스인들이 쓴 전쟁 책략인 트로이 목마로 유명하다. 트로이 목마는 안에 병사들이 숨어 있었던 목조 구조물이다.

리히 슐리만Heinrich Schliemann이라는 이름의 소년은 트로이의 헥토르와 아킬레우스, 트로이 전쟁과 목마 이야기를 들었다. 사랑의 여신 아프로디테가 일을 꾸민 대로 아름다운 그리스 여인 헬레네는 트로이 왕자 파리스를 상대로 무턱대고 사랑에 빠졌고 파리스는 그녀를 트로이로 납치했다. 슐리만은 10년간 계속된 전쟁 이야기에 귀를 기울였다. 그리스와 트로이의 싸움에서 수많은 사람들이 고통스럽게 목숨을 잃었고 아름다운 도시는 잿더미가 됐다. 특히 하인리히는 어느 삽화에서 눈을 떼지 못했다. 아름다운 건물과 육중해 보이는 성벽을 지닌, 전설에 싸인 도시의 일부를 그린 그림이었다. 소년은 흥분해서 뺨이 새빨개졌다. 소년이 외쳤다.

"아버지, 이런 성벽이 정말로 있었다면 완전히 사라질 수는 없잖아요!"

아버지가 아들을 달랬다. 도시는 돌 하나 남아 있지 않으며 그래서 이 트로이라는 도시가 옛날에 어디 있었는지 정확히 모른다는 말을 들었다고. 슐리만은 그 말을 믿을 수 없었고 믿으려 하지도 않았다.

"아니에요, 아버지. 이 도시의 성벽들은 단지 수백 년 동안 쌓인 먼지와 돌무더기 아래에 있어서 보이지 않을 뿐이에요."

소년은 어른이 되면 트로이를 찾아 길을 떠나기로 다짐했다. 반드시 찾아내서 발굴하고 말 거라고.

하인리히 슐리만의 인생행로는 말 그대로 행운의 총애를 받는 듯했다. 그는 아버지의 집을 떠나 실업학교(김나지움을 다니기에는 돈이 충분치 않았다)를 졸업하는 것으로 상인 수업을 마쳤다. 열아홉 살 때 남아메리카로 가는 도중 배가 침몰했는데 이때 홀로 살아남았다. 그는

슐리만은 회고록에서 이 계획이 이미 일곱 살이라는 어린 나이에 세워졌다고 주장했지만 진실을 확신하지는 못했다. 그는 생각한 그림에 맞지 않는 것은 침묵했고, 사실을 왜곡했고, 연도를 바꿨다.

암스테르담으로 가서 일자리를 구했고 러시아어를 빠른 속도로 배워 상사들이 그를 차르의 제국 러시아로 보낼 정도였다. 러시아에서 그는 귀한 물감인 인디고를 성공적으로 거래하여 자신의 상점을 마련했다. 그리고 미국으로 가서 은행을 창립해 부자가 된 이후로 점점 더 부유해졌다. 그는 러시아로 돌아와 밤에 꿈에서 받은 암시를 좇아 엄청난 양의 질산염을 샀다. 당시는 크림 전쟁의 시기로 질산염은 탄약 생산에 필요했기 때문에 수요가 매우 컸다. 그는 질산염을 훨씬 비싸게 되팔았다. 1864년 러시아를 다시 떠날 때 그는 나라에서 가장 부유한 사람 가운데 하나였다. 여러 채의 집을 소유했으므로 어디든 자신이 원하는 만큼 오랫동안 여행할 수 있었다.

그는 스스로 생각해낸 방법으로 어떤 언어든 쉽게 습득하는 놀라운 재능이 있었다. 그래서 유럽의 모든 나라뿐만 아니라 페르시아와 인도, 이스라엘에서도 현지인과 유창하게 대화할 수 있었다. 부자가 되자 그는 더 이상 일을 할 필요가 없었으며, 원하던 일을 얼마든지 할 수 있었다. 그리고 비밀에 싸인 트로이를 찾아내겠다는 어린 시절의 꿈을 절대 포기하지 않고 있었다.

고대 도시에 대한 이야기를 들은 지 약 40년이 지난 뒤 슐리만의 꿈은 실현을 눈앞에 두고 있었다. 그는 사라진 트로이가 옛날에는 그리스에 속했고 지금은 터키 영토인 트로아스에서 발견될 가능성이 높다는 소문을 좇았다. 『일리아스』의 고대 그리스어 판본의 도움을 받아 트로이가 어디에 있는지 날마다 찾아봤지만 소용이 없었다. 청년이 되어 고대 시인 호메로스를 알게 된 후 호메로스의 글은 그에게 다른 어떤 책보다도 더 중요했다. 특히 호메로스의 가장 유명한 작품 가운데 하나이자 트로이 전쟁을 주

호메로스는 기원전 1세기에 살았으리라고 추측되며, 『일리아스』와 『오디세이아』는 고대부터 이미 많은 사람들에게 엄청난 영향을 미쳤다.

제로 하는 『일리아스』는 슐리만에게 특별한 의미였다. 트로이의 위치를 알아내는 데 실패한 그는 실망한 나머지 고향으로 돌아가려 했는데 그때 영국 외교관 프랭크 캘버트를 우연히 알게 되었다. 아마추어 고고학자인 캘버트는 흥미로운 이론을 펼쳤다. 자신의 가족이 절반을 소유하고 있는 특정 언덕 아래에 트로이가 있을 것이라고 상당히 확신에 차 주장한 것이다. 그 장소는 히사를리크 또는 '새로운 일리온'이라는 이름으로 불렸다. 이 이름이 일리아스의 무대임을 시사하는 것이 아닐까? 영국인은 슐리만에게 무조건 그곳을 파보라고 권했다. 자신은 유감스럽게도 재정적 여유가 부족해서 못 한다고 했다. 발굴은 비용이 많이 드는 일이었다.

슐리만은 여기서 유력한 자취가 발견되리라 예감했다. 그는 충고에 따라 즉시 발굴 허가를 신청했다. 이제 기다리기만 하면 되었다. 그는 대기 시간을 이용해 파리와 상트페테르부르크, 미국, 로슈토크를 여행했다. 또한 『이타카, 펠로폰네소스, 트로이』라는 제목의 책을 썼으며 나아가 중국에 관한 저서로 로슈토크 대학교에서 박사 학위를 받았다. 러시아인 부인과 헤어진 후 미국 국적을 획득했고 마침내 17세의 그리스 여인 소피아의 모습으로 나타난 자신의 '헬레네'와 결혼했다.

2년 뒤인 1870년 봄, 기다리는 데 지친 그는 70명의 일꾼과 함께 트로이의 그림처럼 아름다운 풍경 한가운데에 있는 히사를리크 언덕의 가장 높은 자리에서 허가 없이 발굴 작업을 시작했다. 여전히 그의 눈앞에는 어린 시절에 자주 보았던 놀라운 그림이 어른거렸다. 그는 예나 지금이나 대도시는 얼마나 오래되었건 성벽들이 남아 있으리라는 확신을 갖고 있었다. 호메로스는 시로써 정확한 그림을 보여줬다. 『일리아스』에 따르면, 그 성벽은 거인 키클롭스들이 세운 장벽일 터였다. 몇 주가 지났다. 그동안 슐리만은 언덕에 거대한, 일부는 몇 미터나 되는 구덩이를 파도록 시켰다. 여러 색의 지층이 드러났다. 여기에 정말로 부락이 있었음이 틀림없었다. 그 순간 거대한 장벽의 일부가 눈앞에 모습을 드러냈다. 슐리만은 트로이라는 첫 번째 증거를 발견했다고 믿었다.

"트로이를 발견했다!"

그는 감격에 젖어 곧바로 독일로 보내는 편지를 썼다. 독일에서는 여러 사람이 발굴지에서 새로운 소식이 오기를 기대하며 기다리고 있었다. 세인들은 이 독일인의 극적인 보물찾기에 매혹됐으나 학자들은 그의 '발견'을 대단히 회의적으로 보며 신랄하게 비웃었다. 학자들은 호메로스의 글을 단순하게 현실로 옮기는 순진한 생각에 반대했다. 그렇지만 슐리만은 계획을 포기하지 않았다. 가라앉은 트로이를 만날 때까지 모든 지층을 없애기로 마음먹었다. 그리하여 곧 언덕에 거대한 협곡이 입을 벌리듯 모습을 드러냈다. 그와 동시에 깨진 조각, 그릇, 벽, 동전, 작은 조각품, 온전한 도시의 성문이 발견됐다. 하지만 그가 3년째 파헤치고 있는 이 언덕이 과연 그 유명한 전설 속 트로이를 숨기고 있다고 하기에 그 증거가 충분한 것일까? 트로이의 마지막 왕, 프리아모스의 도시를 발견했다고 최후의 한 사람까지 설득할 만한 것을 더 발견한다면!

1873년 5월 어느 날 슐리만은 그런 생각에 사로잡혀 있었다. 그날 아침 발굴팀이 막 거대한 구덩이에서 육중한 성곽을 드러내는 데 열중하고 있는 동안 슐리만의 눈에 뭔가가 들어왔다. 그는 순간 숨이 막혔다. 기이하게 생긴 커다란 청동 그릇 뒤에 믿기지 않았지만 금으로 된 물건이 있었다. 슐리만은 직접 칼을 잡고 돌처럼 딱딱한 지층에서 보물을 분리해내려고 애썼다. 발굴 숙소에서 그는 땀에 흠뻑 젖은 채 자신이 발견한 것을 찬찬히 살펴보며 행복감에 전율했

다. 몇 킬로그램 무게의 황금잔, 커다란 은주전자, 머리에 쓰는 보석 장식 황금 띠, 팔찌, 수천 개의 얇은 황금 조각을 꿰맞춘 목걸이. 바로 프리아모스 왕의 보물이었다! 그해에 슐리만은 히사를리크 발굴을 끝내고 금 장신구를 비롯해 값진 발굴물을 몰래 국외로 가져갔다.

언론과 강연을 통해 그는 숨 막히는 황금 발굴물을 알렸고 이로써 사람들은 먼 타향에서 발견된 신화에 참여할 수 있었다. 관중은 열광했지만, 대부분의 학자들은 트로이의 발견을 믿지 않았다. 그래서 슐리만은 한때 그리스의 가장 중요한 도시였던 미케네에서 발굴을 시작했다. 트로이가 가장 찬란하게 꽃핀 시대에 관해 더 많은 것을 밝혀내기 위해서였다.

　1878년 엄청난 불안감에 시달리던 그는 히사를리크로 돌아갔다. 여전히 트로이 이론에 대한 분명한 증거는 없었다. 도처에서 의심의 소리가 트로이 안에 있을 때보다 더 크게 들렸다. 후에 발굴단에서 젊은 고고학자 빌헬름 되르펠트가 그의 조수가 되었다. 그의 영향 아래 발굴은 마침내 학문적 전문성을 띠게 되었고 세상 사람들 사이에서 명성도 높아졌다. 그러나 슐리만이 희망을 버리지 않은 트로이에 대한 분명한 증거는 되르펠트에게도 주어지지 않았다.

　슐리만은 예순 살을 훌쩍 넘었을 때 심한 귀 통증으로 고생했다. 그는 수술하기로 결정했으나 늘 그렇듯 초조해진 나머지 치료를 기다리지 않고 그해 겨울 폼페이의 유명한 발굴지로 여행을 갔다. 통증이 점점 참기 어려울 정도로

심해졌는데도 그의 유명한 친구, 의사이자 선사시대 연구자인 루돌프 피르호가 권한 두 번째 수술을 받지 않았다. 그 직후 그는 놀랍게도 나폴리에서 쓰러져 죽고 말았다. 마지막 숨을 거둘 때까지 그는 히사를리크 언덕에서 발견한 것이 정말 전설에 등장하는 트로이인지, 평생 품고 있던 어린 시절의 꿈이 실현되었는지 불확실한 데서 오는 괴로움에서 벗어나지 못했다.

히사를리크

히사를리크 언덕은 세월의 흐름에 따라 주거지의 변화를 알 수 있다. 부락의 언덕은 총 9개의 층으로 이루어졌다. 주거 시기는 기원전 3000년의 초기 청동기시대 제1층에서 시작해서 기원후 500년 로마시대 층인 제9층으로 끝난다. 슐리만은 이러한 주거 역사의 존재를 알았고, 호메로스의 트로이는 두 번째 층일 거라 추측했다.

율리우스 요한 루트비히 하인리히 슐리만

1822년 6월 1일~1890년 12월 26일
상인, 고고학자, 트로이의 발견자

가난하게 자란 슐리만은 상인으로 성공해 큰 재산을 모았다. 백만장자였던 그는 고고학에 온 관심을 기울였다. 그는 트로이와 더불어 선사시대 그리스를 발견했다고 주장했고, 이는 논쟁을 불러일으키고 그를 적대시하는 세력을 만들어냈다. 살아 있을 때 그는 자신이 전문 고고학자가 아니라는 사실에 괴로워했다. 그는 완치되지 않은 중이염으로 인해 사망했다.

남은 이야기

슐리만은 동시대인들에게 논쟁의 대상이었다. 오늘날 그는 그리스 고고학의 시조라는 명성을 누리지만, 당시 동료들은 그의 비과학적인 작업이 여러 발굴물을 돌이킬 수 없이 파괴했고 발굴에서는 도굴꾼처럼 행동했다고 비난했다. 오랫동안 그는 진지하게 받아들여지지 않았다. 그의 몽상적이고 낭만적이며 과장된 표현 방식과 발굴물에 대한 과학적이지 못한 해석들은 비웃음을 샀다. 이러한 비난에도 불구하고 그는 수천 년 묵은 서사시의 도움으로 실제 고대 주거지를 발견해 세상을 놀라게 했다. 오늘날 많은 사람들이 히사를리크를 호메로스가 묘사한 트로이로 여기지만, 이를 의심하는 사람들이 아직 있다. 여러 간접 증거들이 트로이라는 것을 말해주긴 하지만 확실한 증거는 여전히 나오지 않고 있다.

터키 히사를리크 언덕에 있는 트로이 유적.

알타미라 동굴의 벽화
아버지와 딸이 석기시대의 동물 그림을 발견하다

1879년 스페인 북부 해안의 알타미라. 마르셀리노 산스 데 사우투올라 Marcelino Sanz de Soutuola는 딸 마리아의 손을 잡고 서둘렀다. 그는 방금 전에 파리에서 스페인으로 돌아왔다. 그런데 돌아온 후로 이상하게 마음이 불안했다. 아무 까닭 없이…….

무거운 짐을 진 아버지는 자신의 넓은 농장에 있는 언덕 위로 딸을 데리고 서둘러 올라갔다. 알타미라의 뜻인 '높은 조망'에서 보이는 아름다운 경치에는 눈길도 주지 않았다. 두 사람은 지하의 동굴로 들어가는 입구를 향해 열심히 걸었다. 동굴은 언덕에 숨어 있었다. 마르셀리노는 10년 전부터 이 동굴을 알고 있었다. 동굴을 발견한 것은 기이한 우연 때문이었다. 어떤 사냥꾼의 개가 여우를 사냥하는 동안 바위 사이에 빠졌다. 개를 빼내려고 시도하는 동안 사냥꾼은 무너져 있는 동굴 입구와 마주쳤다. 남자는 당연히 즉시 마르셀리노에게 발견 사실을 알렸다. 아마추어 고고학자였던 마르셀리노는 순전히 호기심에서 안을 들여다보았다. 몇 개의 **뼈**를 제외하면 볼만한 것은 아무것도 없었다. 그의 동굴은 이 지역을 관통하고 있는 다른 지하 통로들과 특별히 다를 바 없어 보였다.

그러나 고향으로 돌아온 마르셀리노는 동굴에 관해 생각이 완전히 달라졌다. 파리에서 그는 선사시대 전문가인 유명한 선사학자 에두아르 피에트와 대화를 나눌 기회가 있었다. 피에트에게 동굴 이야기를 하자 프랑스인은 흥미롭다는 듯 귀를 기울이며 동굴 탐사를 잘하는 방법에 대해 몇 가지 훌륭한 조언을 해주었다. 그 밖에도 선사시대 물건들을 여러 개 보여주었는데, 긁어내는 방식으로 그린 그림이 있는 돌과 석기시대 도구였다. 마르셀리노를 가장 흥분시킨 것은 피에트가 알타미라 동굴에서도 석기시대의 유물이 발견될 가능성이 대단히 높다고 짐작한 점이었다. 다르게 말하자면 자신의 동굴에 1만 년 전 사람들이 살았을지도 모른다는 뜻이었다. 마르셀리노는 석기시대의 흔적을 찾아낼 계획을 열심히 세웠다.

땅속으로 내려가는 동굴 입구에 도착하자 마르셀리노는 메고 있던 가방을 내렸다. 그러고는 석유램프 두 개에 불을 붙여 하나는 딸에게 건넸다. 깜박이는 불을 들고 두 사람은 안으로 들어갔다. 아버지가 앞장섰다. 어둠에 눈이 익기까지 시간이 걸렸다. 좁은 입구를 지나자 지그재그 형태의 동굴이 세 갈래로 나뉘어 있었다. 굴마다 셀 수 없이 많은 갈림길이 있었다. 동굴 깊이 들어가면 갈수록 마르셀리노는 더욱 자주 욕설을 내뱉고 머리를 문질렀다. 자꾸 암벽에 머리를 부딪쳤기 때문이다. 이제 나머지 길은 기어서 가야 할 것 같았

동굴 인간은 존재하지 않았는지도 모른다. 동굴에서 특히 여러 석기가 발견되었기 때문에 그런 잘못된 결론이 나왔을 뿐, 오늘날에는 석기시대 인간들이 오직 극한의 상황이라든가 종교적 목적이 있을 때만 동굴을 찾았고 거주지는 야외에 있었다고 추정한다.

다. 마르셀리노는 한 손에 석유램프를 들고 힘겹게 균형을 맞추며 느린 속도로 전진했다.

동굴 깊은 곳에 이르자 가져간 가방에서 발굴 도구를 꺼냈다. 파리에서 만난 피에트에게 동굴 속으로 가능한 한 깊이 들어가라는 충고를 들었다. 실제로 옛날 사람들이 동굴을 도피처로 사용했다면 분명 입구에서 가장 멀리 떨어진 구석까지 기어 들어갔을 거라고 했다. 작은 곡괭이로 무장한 마르셀리노는 바닥을 자세히 살펴보기 시작했다. 그리고 돌멩이 몇 개에 주목했다. 돌 하나를 손에 들고 램프의 불빛으로 더 자세히 관찰했다. 가장자리를 동일한 방식으로 쪼갠 흔적이 뚜렷했다. 손가락을 대보자 날카로움이 느껴졌다. 의심할 바 없이 석기시대의 도구처럼 보였다. 얼마 전 파리에서 보았던 돌 칼날과 유사했다. 그는 괭이질을 멈추지 않았다. 더 많은 도구들이 나타났다. 이것은 그의 동굴이 석기시대에 인간이 살던 곳이라는 증거가 될 수 있으리라. 이걸 마리아에게 보여주어야 한다!

그는 비좁은 동굴에서 조심스레 몸을 일으켜 딸이 어디 있는지 둘러봤다. 딸은 그 사이에 심심해져서 아버지와 조금 떨어진 곳에서 놀고 있었다. 아버지가 야단을 치려고 하는데 딸이 놀라서 외쳤다.

"아빠, 저것 좀 보세요, 소가 있어요!"

마르셀리노는 딸이 있는 곳으로 서둘러 갔다. 딸이 램프를 높이 쳐들고 동굴 구석을 응시하고 있었다. 딸의 시선을 따라간 그는 놀라서 입이 떡 벌어졌다. 위쪽에 정말 소가 있었다. 움직인다! 적어도 마리아에겐 그런 느낌이 들었다. 아이는 불안해진 나머지 아버지에게 몸을 꼭 붙였다. 아버지가 램프를 이리저리 비춰 봤다. 그제야 마리아도 그 소가 그림이라는 것을 알아차렸다. 밝

은 석회암 바위에 불그스름한 색으로 동물이 그려져 있었다. 바로 그 옆에 또 한 마리, 옆에 또 한 마리. 동굴의 위쪽에 들소와 말, 멧돼지와 사슴들이 군집해 있었다.

며칠 동안 마리아의 아버지는 동굴 탐사를 계속했다. 그리고 딸이 발견한 것이 무엇인지 분명히 깨달았다. 동굴의 석회암 벽을 장식하고 있는 수백 마리의 동물 그림. 동굴 내부가 거대한 만큼 전부 발견하진 못한 것 같았다. 마르셀리노는 여전히 어리둥절했다. 자신은 아래를 보면서 동굴을 기어 다니는 동안, 바닥에 있음 직한 석기만 찾고 있는 동안 여덟 살짜리 딸은 반대쪽에 눈길을 두면서 이 놀라운 것을 발견했다. 어쩌면 시선의 방향을 바꾸는 것이 새로운 인식을 위한 올바른 방법이 아니었을까?

그림에서 가장 놀라운 것은 자연에 가까운 묘사였다. 다양한 톤의 황갈색과 갈색, 노란색, 붉은색이 너무도 훌륭히 조합되어 동물 떼가 관찰자 옆을 실제로 지나가는 듯 느껴졌다. 게다가 동굴의 화가는 바탕이 되는 바위의 갈라진 틈과 튀어나온 부분을 이용해서 삼차원 효과까지 주었다. 동물들의 몸이 입체적으로 보이고 각각이 다른 모습을 띠도록 그림에 바위의 형태를 포함시킨 셈이었다. 그것은 믿기지 않는 효과를 냈다. 깜박거리는 램프의 불빛 속에서 움직이는 그림자들을 통해 동물들이 살아 있는 것처럼 보이는 효과였다. 색깔은 마치 방금 벽에다 입힌 듯 선명했다.

그림의 색은 여러 다른 음영을 띨 수 있는 철분이 함유된 산화알루미늄으로 이루어져 있었다. 검은 테두리는 대개 목탄으로 그려졌다.

빛나는 색들을 보고 마르셀리노는 곰곰 생각에 잠겼다. 혹시 지난 10년 동안 누가 몰래 동굴에 들어와 벽에다 그림을 그려놓은 걸까? 하지만 왜 그런 수고를 했을까? 그것도 동굴 전체에서 가장 비좁은 곳에? 그는 생각을 물리치고 결론을 냈다. 이 그림들은 아주 오래전에 동굴을 이용했던 사람, 석기시대의 사람에게서 나온 것이라고.

마르셀리노는 딸의 발견을 학계의 전문가들에게 알리면서 세세한 스케치와 함께 논문으로 발표했다. 그는 이 논문으로 동굴 그림을 스페인 너머까지 널리 알렸다.

그렇지만 반응은 기대와 달랐다. 열광이나 관심 대신 조롱과 조소만을 얻었다. 가장 영향력 있는 프랑스 선사학자 에밀 카르타이야크는 동굴 벽화를 '낙서꾼'의 장난

석기시대의 예술가

스페인 북부 알타미라의 동굴은 석기시대의 회화가 발견된 최초의 동굴이다. 5,500제곱킬로미터 크기의 돌로 된 공간은 기원전 1만 6000년 전부터 5천 년 뒤 동굴 입구가 무너지기 전까지 수천 년 동안 사용되었으리라 추정된다. 석기시대 사람들은 이 동굴을 주거용으로 이용한 것이 아니라 아마도 제의적 행동을 위한 장소로 사용한 것으로 보인다. 900개가 넘는 동물 그림들이 장식인지 어떤 주술적인 용도인지 그 목적은 영원히 수수께끼로 남을 것이다. 들소, 사슴, 멧돼지, 말 그림은 발견할 때 너무도 비범하고 현대적인 인상을 주었기에 사람들은 석기시대 그림의 중요성을 잘못 판단했다. 남프랑스와 북스페인 지역에서는 석기시대 예술을 접할 수 있는 동굴이 약 350개 발견되었다.

이라 즉각 선언했다. 석기시대 인간이 그토록 고도의 예술적 성취를 해낼 능력이 없으니 벽화가 진짜일 리 없다는 이유였다. 다른 연구자는 심지어 마르셀리노가 사기를 치고 있다면서 그가 친분 있는 예술가와 함께 이 벽화를 직접 제작했으리라고 추측했다. 학자들의 비방에 마음이 크게 상한 마르셀리노는 동굴을 폐쇄했다. 알타미라를 진짜 석기시대 예술 작품으로 믿은 유일한 사람은 파리의 피에트뿐이었다. 피에트는 카르타이야크에게 동굴에 직접 와서 보라고 초대하는 편지를 보냈다. 그렇지만 카르타이야크는 초대를 거절하며 자신의 의견을 고수했다. 어떻게 이 발굴물을 그런 식으로 오해할 수 있었을까?

19세기가 흐르면서 글자로 전승돼 알려진 시대에 앞서 믿을 수 없이 긴 시간

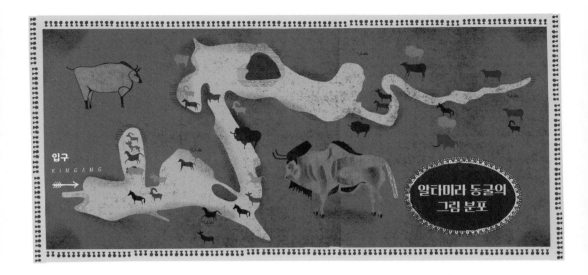

입구
EINGANG

알타미라 동굴의
그림 분포

이 존재한다는 사실이 겨우 알려졌다. 다시 말해 '역사'시대에 앞서 '선사'시대가 존재할 수밖에 없다는 사실이다. 이로써 완전히 새로운 사유가 시작됐다. 사람들은 이 '선사'시대를 석기시대, 청동기시대, 철기시대 세 시기로 나누고, 발견된 유물들을 이 시기에 따라 분류했다. 이때 원칙적으로 오래된 것일수록 원시적이라는 믿음이 지배적이었다. 따라서 마르셀리노의 주장대로 그렇게 오래된 것이라면 당시 견해대로 알타미라의 그림은 훨씬 단순해야 했다. 학계는 자신들이 미리 받아들인 견해를 입증하고 자신들의 학설에 상응하는 것만 받아들였다.

석기시대는 구석기시대, 중석기시대, 신석기시대로 나뉜다. 알타미라 벽화들은 구석기시대 말기의 것이다.

몇 년 뒤 마르셀리노는 세상을 떴다. 그 후 비슷한 암벽화가 있는 동굴이 점점 더 많이 발견되자 가장 신랄한 비평가조차 자신의 견해를 수정하지 않을 수 없었다. 카르타이야크는 많은 주목을 받은 '믿지 않은 자의 유죄 고백'이라는 글에서 자신의 판단이 잘못이었음을 고백했다.

마침내 알타미라의 동굴 벽화에 받아 마땅한 감탄이 주어졌다. 오늘날 동굴이 달고 있는 별명인 '구석기시대의 시스티나 예배당'은 그 발견의 중요성을 역설한다. 유럽 선사시대 예술의 가장 훌륭하고 오래된 증거가 바로 알타미라 동굴 벽화인 것이다.

마르셀리노/마리아 산스 데 사우투올라

1831년 6월 2일~1888년 6월 2일
1870년 8월 23일~1946년 9월 5일

최초의 석기시대 회화의 발견자

마르셀리노는 스페인의 법률가이자 아마추어 고고학자로, 그의 땅에 알타미라 동굴이 있었다. 동굴 안에서 어린 딸 마리아가 동물 그림을 발견했는데, 이 그림은 가장 오래된 석기시대 회화로 밝혀졌다. 두 사람의 삶과 발견을 기념하여 2016년 안토니오 반데라스가 아버지 역을 맡고 알레그라 알렌이 딸 역을 맡아 영화 〈알타미라〉가 개봉됐다.

남은 이야기

오늘날 알타미라 동굴은 유네스코 세계문화유산이다. 이곳의 동굴 벽화는 지금의 견해에 따르면 약 2만 년에서 3만 년이 된 것이다. 1902년 발견의 중요성을 인정받은 이래 무수한 사람들이 동굴을 찾았다. 인간은 열과 습기와 세균을 함께 가져왔고, 이것들은 단시간에 그림에 섞여들었다. 1979년부터 스페인은 동굴 방문을 금지했다. 역사적 동굴에서 약 500미터 떨어진 곳에 방문객을 위해 실제에 충실하게 동굴을 만들고 그림도 똑같이 그려 넣었다. 1962년부터 뮌헨 독일 박물관도 모사로 벽화들을 보여주고 있다.

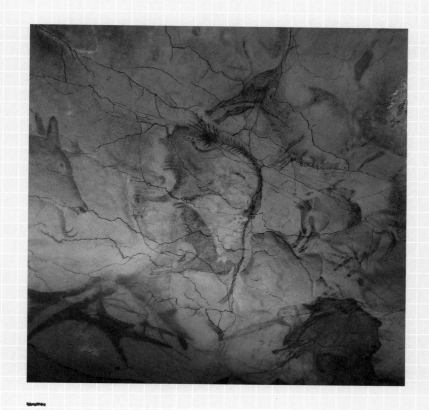

알타미라 동굴의 동물 그림들.

거대한 피라미드와 깨진 그릇 조각
페트리, 과학적 방법으로 고고학의 새 장을 열다

1880년 이집트 기자. 석양의 박명 속에서 검은 옷을 입은 인물이 발굴 부지 위로 재빨리 올라가더니 거대한 피라미드 뒤편으로 사라졌다. 두 원주민이 그 모습을 발견하고 서로 마주 봤다. 그들의 시선은 이렇게 말하는 것 같았다. "저 미친 고고학자, 또 왔네!" 그 고고학자는 웃기게도 피라미드와 대화를 하고, 여행객이 다 사라지고 나면 피라미드 안으로 들어가 그곳에서 밤을 보냈다. "거기서 뭘 하는 걸까? 괴상한 사람일세." 사람들은 수군거렸다.

이 '미치광이' 고고학자는 윌리엄 매슈 플린더스 페트리William Matthew Flinders Petrie라는 이름의 젊은 영국인이었다. 그의 행동거지는 여러 면에서 원주민들의 주목을 끌었다. 그가 기자에 체류하기 시작한 첫날부터 빈 묘실에서 살고 있기 때문만은 아니었다. 페트리는 자신의 숙소를 더없이 편안하다고 여겼다. 묘실 안이 조용하고 온도도 쾌적하다면서 그곳에 살림을 차렸다. 야전 침대와 책꽂이를 갖다놓았고, 냄비와 알코올버너가 부엌을 대신했다. 침대 밑에 미라의 일 페트리의 발굴에 대해 눈을 찡긋하며 이런 말을 했다. "페트리는 집에서 정어리를 먹고 산다. 정어리를 다 먹으면 깡통을 먹는다." 그 말은 진짜일까?

부를 모래에 묻어 보관해놓고도 두려워하거나 불편해하지 않았다. 밤마다 그를 괴롭히는 것은 오히려 엄청난 수의 개미와 파리였다. 주변 사람들이 그를 미쳤다고 여긴다고? 그는 신경 쓰지 않았다. 오로지 중요한 것은 자신의 일뿐이었다. 그는 사람이 무엇을 해도 되고 하면 안 되는지 같은 '사교적 관습'에 전혀 개의치 않았으므로 때로는 속옷 바람으로 밖을 돌아다녔다. 심지어는 옷을 전부 벗어 피라미드 담 뒤편에 던지고는 찌는 듯 더운 묘역 옆을 실오라기 하나 걸치지 않고 돌아다니면서 작업했다.

기자의 대피라미드! 페트리는 전설에 싸인 이 건축물 때문에 여행을 떠나왔다. 기적의 건축물을 측량하고 싶어서였다!

측량과 고대에 대한 열정은 요람에서부터 부모가 불어넣어 준 것이었다. 그는 1853년 6월 3일 런던의 찰턴 지역에서 엔지니어와 교사의 아들로 세상의 빛을 봤다. 고대 그리스어와 히브리어를 가르치는 교사였던 어머니는 병약한 아들이 자리에 누워 있어야 할 때 아들의 손에 옛날이야기 책이나 동화책 대신에 상형문자 학습서를 쥐여 주었다. 그렇다면 아들은 어땠을까? 재미를 붙이고 수수께끼 기호를 베끼면서 암기했다.

병치레가 여간해서 없어지지 않자 의사는 윌리엄의 부모에게 허약한 어린 아들을 가능한 한 밖에 나가지 못하게 하라고 충고했다. 따라서 윌리엄은 학교도 더 이상 다니지 못했고 집에서 하는 수업도 꼭 필요한 것만 받았다. 하지만 지적 욕구가 강했던 윌리엄은 이내 스스로 할 일을 찾았다. 아버지로부터 수학과 기계에 대한 열정을 물려받은 어린 소년은 곧 수집한 동전의 크기를 재고 무게를 달아보는 것을 가장 좋아하게 됐다.

그렇다면 고고학은? 부모와 똑같이 윌리엄은 이미 지나간 시대에서 유래하는 모든 것에 관심을 가졌다. 땅속으로 몇 센티미터만 들어가도 수백 년 심지어는 수천 년 전 과거를 들여다볼 수 있다는 매혹적인 사실에 사로잡혔다. 윌리엄은 손에 넣을 수 있는 고대에 관한 책은 모조리 읽었다. 더욱이 그의 집에는 고고학자, 역사가 등 학자들이 드나들었는데 언제나 그 한가운데에 어린 윌리엄이 있었다. 그가 여덟 살 때 집에 부모님과 친한 과학자가 방문한 적이 있다. 학자가 영국 남쪽에 위치한 와이트섬에서 진행 중인 고대 로마 저택 발굴

이야기를 했는데, 윌리엄은 그 이야기를 듣고 분개했다. 학자가 말하길, 발굴 인부들이 크고 값나가는 유물만 중요하게 여긴다고 했기 때문이다. 발굴 과정에서 나타난 옛 그릇의 깨진 조각이라든가 나머지 것들은 수레에 실어, 갈수록 커지는 쓰레기 더미 위에 함부로 부어버렸다는 것이다. 이 얘기를 들은 윌리엄은 자신의 분노를 큰 소리로 토로했다.

"그 귀중한 발굴물들을 쓰레기로 버려서는 안 돼요! 깨진 조각이라 해도 더 자세히 관찰할 가치가 있지 않을까요?"

명석하고 진보적인 머리를 지닌 어린 윌리엄! 훗날 윌리엄은 이 일화를 돌이키며 자신이 타고난 고고학자라고 말했다.

열세 살 때 기자의 대피라미드에 관한 책을 읽은 윌리엄은 본격적으로 고고학에 대한 열정을 불태운다. 당시 이 건축물을 둘러싸고 대단히 호기심을 불러일으키는 이론들이 전개되었는데, 철저한 측량을 한 사람은 아무도 없었다. 윌리엄은 결심했다. 언젠가 내가 이 중요한 과제를 맡으리라! 하지만 이집트는 멀었다. 또한 여러 해가 지난 뒤에야 직접 측량도구와 필기구를 들고 피라미드 앞에 설 수 있을 터였다. 그렇다면 먼저 우리 집 문앞에서 시작해보자! 이에 필요한 육분의를 윌리엄은 곧 직접 만들었다. 그것을 가지고 자신이 살고 있는 영국 켄트 백작령에 있는 선사시대 봉분들과 여타 선사시대 유적지를 측량하고 싶었다.

몇 년 뒤 윌리엄은 대영 박물관이 수집해놓은 지도들을 보기 위해 박물관에 규칙적으로 찾아갔다. 그리고 그때 유명한 돌들의 원, 비밀에 싸인 예배소인 스톤헨지를 연구할 새로운 계획이 없다는 것을 확인했다. 그는 이런 상황을 바꾸고 싶었다! 윌리엄은 1872년, 이런 기념물 가운데 가장 크고 유명한 스톤헨지를 측량하고 그리기 위해 아버지와 함께 길을 떠났다.

치밀할 정도로 꼼꼼한 윌리엄은 열아홉 살의 나이에 환상열석環狀列石의 구조도도 완성했다. 이 구조도는 오늘날까지 세계 도처의 학자들이 이용한다.

스무 살이 갓 지난 윌리엄은 탐사 지역을 영국 남부로 넓혔다. 3등칸 기차를 타고 노천이나 헛간에서 잠을 자며, 마른 빵으로 끼니를 때우고, 때로는 하루에 35킬로미터를 걸어 멀리 떨어진 곳에 있는 봉분이나 환상열석을 측량했다. 이런 방식으로 윌리엄은 몇 년 동안 남부 영국에 있는 역사적 장소들의 세부 측량도를 150개 넘게 제작했다.

곧 영국 전역에서, 그리고 더 먼 곳에서도 연구자들은 이 철저한 젊은 학자의 이름을 알게 되었다. 그리하여 1880년 스물일곱 나이에 마침내 바라던 기회를 얻기에 이르렀다. 그가 항상 주시했던 세계의 기적, 대피라미드를 측량하게 된 것이다.

1880년 12월 14일 페트리가 탄 배가 이집트 알렉산드리아 항에 닿았다. 이 시기에는 프랑스 이집트학 학자 오귀스트 마리에트가 이 나라 고대의 지배자나 마찬가지였다. 많은 사람들이 여러 고대 이집트의 무대인 왕가의 계곡에 질서와 규율을 가져와 혼란을 잠재운 그에게 열광했다. 마리에트가 20년 넘게 고대 유물의 관리 책임자의 자리에 있기 전에는 삽을 쥘 수 있는 사람이라면 누구나 마음대로 여기저기를 파헤쳤다. 책임자가 된 마리에트는 체계적으로 발굴 허가를 내주고 모든 발굴을 감시했다.

하지만 윌리엄 플린더스 페트리는 이집트에서 고고학이 추진되는 방식에 열

잉글랜드 남부에 있는 스톤헨지는 거대한 직립 돌들을 원형으로 배치한 기념물(환상열석)이다. 학자들은 스톤헨지가 예배를 위한 장소나 묘지, 천체 관찰 장소로 쓰였으리라고 추정만 할 뿐이다.

대피라미드, 즉 쿠푸의 피라미드 외에도 기자에는 카프레, 멘카우레의 피라미드와 왕비들의 작은 피라미드들이 있다. 대피라미드는 기원전 2620에서 2500년 사이에 세워졌으며 유일하게 보존된 고대 세계의 기적이다.

광한 것이 아니라 경악을 금치 못했다. 여기서 고대를 다루는 방식은 그가 보기에 재앙이었다. 그는 일기에 이렇게 썼다.

"모든 것이 얼마나 빨리 파괴되는지, 모든 사람이 얼마나 보존에 관심이 없는지를 보고 있노라니 마음이 아프다."

게다가 고대 유물 거래가 호황이라니! 이집트에는 발굴에서 나온 가장 귀중한 예술품들을 훔쳐 주저 없이 나라 밖으로 반출하는 장사꾼들이 우글거렸다. 점토나 도자기 조각같이 볼품없는 발굴물은 쓰레기로 간주됐다. 이 파편들이 고대 이집트에 관해 믿을 수 없이 중요한 사실을 이야기해줄지도 모르는데 말이다.

페트리는 카이로의 국립 박물관에서 행해지는 비양심적인 행태를 보고도 "박물관이 괴이한 방법으로 수표 없이 장사를 하고 있다"면서 역시 크게 분노했다. 더 나쁜 것은 전시품 취급이었다. 미라는 썩고, 전시품들은 상인에게 팔려나갔다. 그에게 이집트는 불타고 있는 건물처럼 여겨졌다. 그만큼 파괴가 빠르게 이뤄지고 있었다. 플린더스 페트리는 어디를 보든 전부 바뀌어야 한다는 생각이 들었다. 물론 누구도 혼자서 이런 변화를 이끌어낼 수 없다는 것은 알고 있었다. 그렇지만 그는 이집트의 고대를 구하고 연구할 수 있는 일은 뭐든 하고자 마음먹었다.

페트리는 고향에서 치밀하게 진행했던 측량 작업을 이집트에서도 단호하게 이어나갔다. 전에는 아무도 하지 않았던 일, 대피라미드를 양심적으로 철저하게 측량하고 방위 내의 배치를 조사했다. 아침부터 밤까지 몇 달 동안 오로지 측량하고 또 측량했다. "사실이란 모든 이론의 죽음이다"라는 것이 그의 신념이었다. 오로지 사실만으로 혼란스러운 이론들에 대항할 수 있을 것이라 생각했다.

이미 나폴레옹 참모부의 학자 한 사람이 1789년 이집트 원정 동안 피라미드를 측량했다. 사전에 만들어진 이론을 출발점으로 삼은 페트리와 달리 그 과학자는 아주 구체적인 질문을 제기했다. '피라미드의 치수와 지구의 치수는 혹시 어떤 관련이 있지 않을까?'가 그것이었다.

70년 뒤 영국의 기자이자 아마추어 고고학자인 존 테일러도 그런 관련성을 추측했다. 그의 견해에 따르면 대피라미드의 건설자들은 지구의 구형을 모사했다. 그리고 그는 건설자들이 쓴 척도에서 원주율 파이를 찾아냈다.

그러나 이렇게 제멋대로 만들어진 이론들로는 아무것도 할 수 없었다. 피라미드가 행성의 궤도라든가 전쟁, 또는 시간의 종말을 암시하는 숨은 메시지의 전달자라고? 페트리는 대피라미드와 그것을 에워싼 여러 피라미드를 꼼꼼하게 측량해 진보의 문을 열고자 했다. 경악할 만한 생각을 퍼뜨리며 그것을 믿는 모든 이들의 기를 꺾기 위해서였다. 그러자면 과학과 사실 분석이 현재의 시

비교 고고학

플린더스 페트리는 지층에서 주거의 흔적들이 나타난다는 것을 보여주었다. 땅을 수직으로 파면 옆 벽 단면에 줄 모양으로 나타난 지층을 볼 수 있다. 두 개의 파편이 동일한 층에서 나온다면 그것은 동일한 시기의 것이다. 더 깊은 층의 파편들은 위에 놓인 층의 파편들보다 더 오래된 것이다. 비록 정확한 시기는 알 수 없어도 이렇게 파편들을 연대순으로 배열할 수 있다. 이것을 '상대 연대'라 부른다. 예를 들어 생몰년을 알고 있는 누군가의 이름이 새겨진 유물처럼 확실한 시대적 근거가 있으면 여기서 '절대 연대'를 도출할 수 있고 이어 아주 구체적인 날짜를 확인할 수 있다. 이런 인식 덕분에 플린더스 페트리는 비교 고고학의 아버지로 여겨진다.

신성한 척도라는 것이 존재하는가? 모든 측정 가능한 것, 전체 피조물을 서로 연결하는, 그리하여 피라미드의 건축에서도 사용되었던 단위가 존재할까? 혹시 영국의 길이 단위(인치)가 그런 성서적 척도인가? 페트리는 모든 이론을 배제하고 이집트의 왕이 사용한 도량의 단위가 세계의 기적, 피라미드의 기초가 되는 도량의 단위임을 알아낸다.

급한 일이었다! 페트리는 대피라미드의 건설자들이 건설의 토대를 이집트 왕의 척도에 두었다는 것을 발견해냈다. 그것은 고대 이집트에서 널리 퍼진 척도로, 무엇보다도 홍수 때 나일강의 높이를 조사하기 위해 사용되었다.

하지만 페트리는 수치와 크기만 중요시한 것이 아니라 피라미드 시대의 인간들의 삶에 대해서도 흥미가 있었다. 그의 견해에 따르면 고고학은 '미라를 내보여 주기'보다는 오히려 '고대 이집트인들이 미라가 되기 전 어떻게 살았는지를 제시'해야 했다. 페트리는 이러한 자신의 인식을 훗날 『기자의 피라미드와 신전』에 썼다. 이 저서는 오늘날까지 이집트학 학자와 고고학자들에게 연구할 거리를 제공하고 있다.

기자의 피라미드 측량은 페트리가 이집트에서 수십 년간 지속한 연구의 시작에 불과했다. 이집트 탐사 기금은 1883년부터 전국 곳곳의 발굴지에 그를 파견했다. 그는 나일강의 삼각주인 아마르나에서 발굴 작업을 하며 고대 이집트 도시 나우크라티스를 발견했고, 아비도스에서 왕의 무덤들을 발견했다. 발굴은 생각할 수도 없는 뜨거운 여름 동안에는 작업을 중단하고 영국에 체류하기도 했지만 페트리는 45년 가까운 세월을 나일강 유역에서 보냈다.

영국 여성 작가 아멜리아 에드워즈가 이집트를 여행하던 중에 고대의 위협적인 몰락을 인식하고 1882년 이집트 탐사 기금을 설립한다. 이집트에서의 발굴 및 탐사의 재정 마련을 위한 이 기금은 이집트 탐사협회로서 오늘날까지 존재한다.

그는 피라미드와 신전 같은 거대한 건축물에만 관심을 두지 않았다. 발굴자들이 곧잘 간과하는 오래된 그릇 조각 같은 작고 볼품없는 것들에도 눈길을 주었다. 페트리는 작은 발굴 조각들을 가져가도 좋다는 약정을 마리에트의 후임자인 가스통 마스페로와 맺었다. 어쨌건 그것들은 쓰레기로 처리될 예정이기 때문이었다. 이 시대에는 점토 조각이나 도자기 조각이 고대 이집트 문화에 대해 설명해줄 수 있으리라고 아무도 상상하지 못했다. 하지만 페트리는 바로 그 점을 증명하고자 했다. 그는 발굴지에서 아무리 작은 조각이나 파편이라도 모두 보관하라고, 쓰레기로 버리지 말라고 엄격하게 지시를 내렸다. 그것들을 자세히 조사하기 위해서였다. 그는 이러한 조각들로 전체 발굴물들의 연대를 확인할 수 있으리라 생각했다. 한 그릇의 대략적인 연대를 알면 주변의 연대도 알 수 있다고 여겼다. 그렇게 이 천재적인 고고학자는 이집트에서 발견하고 수집한 점토 조각과 파편들에서 최초의 이집트 연대를 계산해냈다.

재능 넘치는 그의 제자 하워드 카터가 1922년 투탕카멘의 무덤을 발견한 뒤 이집트는 관광객 발길에 짓밟히다시피 했다. 이집트 정부는 더 엄격한 규제와 법을 도입했다. 마스페로의 호의적인 비호를 받았을 때와는 달리 페트리는 이제 발굴에서 재량권을 갖지 못했고, 결국에는 작업조차 불가능해졌다. 그는 이런 처사에 항의하며 이집트를 떠나 팔레스타인으로 가서 여러 발굴 작업을 진행했고 그로부터 16년 뒤 여든아홉이라는 고령에 세상을 떴다.

남은 이야기

윌리엄 매슈 플린더스 페트리는 여러모로 대단한 인물이었다. 개혁자이자 혁명가였으며 몽상가였다. 그 덕분에 고고학이 진지한 학문 분과가 되었다. 그 이후에 피라미드를 열 때 더 이상 화약을 쓰지 않았으며, 발굴 작업에서 나온 볼품없고 때로는 파손되기도 한 작은 발굴물들이 중요하다는 그의 인식은 이후 모든 연구들의 중요하고 기본적인 인식이 되었다. 발굴자들은 건물의 잔해, 조각상을 비롯한 커다란 유물만이 아니라 처음으로 지면, 토사 등 발굴 부지 전체를 조사하기 시작했다. 피라미드 역시 페트리의 연구를 통해 과학적으로 연구되는 건축물이 되었다. 게다가 깨진 조각들 덕분에 페트리는 이집트가 에게 문화권과 교역 관계를 맺었음을

윌리엄 매슈 플린더스 페트리

1853년 6월 3일~1942년 7월 28일
이집트학 학자, 이집트학의 선구자

페트리는 혼자 공부했고 관습을 따르지 않았으며 호기심 많고 몽상적이었다. 고고학적 천재였던 그는 고고학자라면 예술 작품뿐만 아니라 보잘것없는 유물에도 마음을 쏟아야 한다는 확고한 신념을 가지고 있었다. 그는 신념대로 행동해 아주 철저하고 체계적인 현장 고고학의 창시자가 되었다.

증명했다. 이집트라는 테두리를 넘어서는 이러한 인식은 당시 학자들 사이에선 찾아보기 힘든 것이었다.

이집트에서 처음 작업하던 시기에 그가 한 발견은 많은 선행자와 후계자들의 작업처럼 화려해 보이지 않았지만 42년 동안 활동하면서 그는 앞선 누구보다도 많은 사실을 '작은 것'에서 발견했다. 페트리는 최초의 현대적 고고학자였다.

기자의 3대 대피라미드. 제일 오른쪽에 있는 것이 가장 큰 대피라미드다.

크노소스 궁전과 선형문자
에번스, 유럽에서 가장 오래된 문명을 발견하다

1889년 영국 옥스퍼드. 고대 박물관인 에슈몰린 박물관 관장 아서 존 에번스Arthur John Evans는 정신을 집중하고 손에 든 빨간 장식 돌을 관찰했다. 아주 작은 형상과 사물들이 돌처럼 딱딱한 홍옥수 속에 정교하게 새겨져 있었다. 동물 머리, 인간의 팔과 화살……. 고고학자에게는 그것이 문자처럼 보였다. 상형문자인가? 어쩌면. 그러나 이집트 상형문자는 아니었다. 전혀 달랐다. 사실 이 인장 돌의 출처는 이집트가 아니라 그리스 스파르타였다. 적어도 그에게 물건을 팔려고 내놓은 골동품상은 그렇게 주장했다. 어떻게 그럴 수 있을까? 보아하니 기원전 2000년에 나온 그림문자인데, 그리스 땅에서 나오다니?

비록 잘 만들어진 위조품을 손에 넣는 것일지 모른다 해도 그는 박물관을 위해 과감하게 그 돌을 샀다.

4년 뒤 에번스는 그리스에 체류하는 동안 아테네의 큰 골동품 시장을 돌아다녔다. 어느 젊은 상인의 진열품이 흥미로웠다. 진열대에는 여러 유물들 이외에도 글자가 새겨진 돌이 여러 개 있었다. 그가 박물관을 위해 사들였던 것과 대단히 유사한 삼각형, 사각형 인장이었다. 이 돌들은 크레타에서 나왔다고 했다. 그리스의 가장 큰 섬일 뿐만 아니라 먼 옛날 무시무시한 이야기의 무대이기도 한, 에게해의 전설에 싸인 섬 말이다.

아서 에번스는 감전된 듯 온몸에 전율이 흘렀다. 그리고 당연히 그 골동품들을 구입했다. 하지만 그 후에 동료들에게 조언을 구해봐도 마찬가지였다. 동료들은 당황해서 어깨를 으쓱했다. 이 이상한 기호가 새겨진 작은 돌들이 어느 시대에서 유래했는지, 무슨 뜻인지 아무도 알지 못했다. 에번스는 자신이 그리스 땅에 상형문자가 존재했음을 입증하는 결정적 증거를 입수한 것일지도 모른다는 생각을 떨쳐버리지 못했다. 이 보잘것없는 돌이 그리스시대 이전에 크레타에 이미 사람이 살았고, 그곳에 아직 알려지지 않은 문화가 존재했을 수 있음을 시사하는 건 아닐까.

제우스는 흰소의 모습으로 에우로페라는 이름의 공주를 크레타로 유괴했다고 한다. 그녀는 섬의 왕이 된 미노스를 낳았다

그때까지 크레타섬은 그다지 알려져 있지 않았다. 당시 몇 년 동안의 발굴에서 수백 년을 거슬러 올라가는 그리스와 로마 시대의 고고학적 유적지들이 여러 곳 발견되었지만, 크레타는 확실히 고고학적 관심의 초점이 아니었다. 이 섬은 그리스와 소아시아, 북아프리카와 거의 비슷하게 멀리 떨어져 있었다. 이러한 위치 때문에 크레타섬은 수천 년 전부터 동서남북으로부터 아주 다양한 영향을 받았다. 신들의 아버지 제우스가 여기서 태어났다는 이야기가 그리스 신화에 등장하기도 했다.

자신이 구한 신비한 돌들이 나왔다는 크레타에 대해 더 많은 것을 알려면 그곳으로 여행을 떠나야 했다. 연구거리는 충분했다. 하인리히 슐리만이 이른

바 트로이의 발견으로 큰 화제를 불러일으킨 후 사람들은 처음으로 기원전 8세기에 기록된 호메로스의 시, 『일리아스』와 『오디세이아』가 역사적 사실을 바탕으로 했을 가능성이 있음을 조심스레 고려했다. 트로이의 프리아모스 왕이나 미케네의 아가멤논 같은 전설의 인물들이 어쩌면 옛날에 정말로 살았을지도 몰랐다. 그렇다면 전설에 나오는

크레타의 지배자 미노스 왕 역시 실제 인물이 아닐 이유가 없었다. 혹시 그의 흔적이 발견되지 않을까? 아울러 독자적인 문자를 지닌 독자적인 문화가 발견되지 않을까? 에번스는 슐리만이 발굴을 할 때 문자가 있었다는 증거를 발견하지 않았음을 깨닫고 놀랐다. 그런 고도로 발전된 문화라면 분명 문자 전승을 지녔을 것이라고 생각했다. 아마도 크레타섬에서 여러 흥미진진한 질문의 답을 발견할 수 있으리라.

1894년 아서 에번스는 크레타섬에 처음 발을 들여놓았다. 그는 크레타를 연구했던 아마추어 고고학자 미노스 칼로카이리노스가 16년 전 일부 발굴했던 케팔라의 언덕을 자세히 살펴봤다. 당시 수많은 저장 용기가 있는 커다란 방이 발견되었는데, 에번스보다 8년 전에 이미 하인리히 슐리만이 방 발견 소식을 들은 바 있었다. 슐리만 역시 언덕 위를 거닐며 더 많은 과거의 어둠을 밝히기 위해 언덕을 완전히 발굴하고 싶은 열망에 불탔다. 트로이와 미케네, 티린스에

서 발굴 작업을 하면서 그때까지 알려지지 않은 미케네 문화를 발굴해낸 슐리만에게는 그 근원을 어디서 찾을 수 있을까 하는 물음이 일었다. 무엇이 고대 그리스보다 선행했을까? 크레타섬에 그 답이 있는 것 같았다. 슐리만은 칼로카이리노스가 크레타의 수도라고, 옛 크노소스라고 여겼을 가능성이 있는 케팔라 언덕을 사들이고 싶었다. 하지만 터키인들이 슐리만이 보기에 몰염치할 정도로 높은 액수를 요구했기에 슐리만은 고맙다는 인사와 함께 매입을 포기했다.

슐리만이 트로이를 발굴한 후 사람들은 그리스 고대, 즉 최초의 그리스인들의 시대 전에도 더 오래된 문화, 이른바 미케네 문화가 지중해권에 존재했다는 사실을 알게 되었다.

슐리만과 달리 아서 에번스는 터키인들이 부르는 액수를 망설임 없이 지불했다. 그는 케팔라 크노소스 언덕 전체를 구입했다. 발굴 허가를 받고 나서 정부의 방해를 받지 않기 위한 통상적인 방법이었다. 그의 큰 희망은, 땅속에서 더 긴 문장이 새겨진 공예품과 만나는 것이었다. 어쩌면 두 가지 언어로 된 각명과 만날 수도 있었다. 그렇다면 샹폴리옹이 이집트 상형문자를 해독했듯이 크레타 문자의 비밀을 풀 수 있을 것이었다.

1900년 마침내 아서 에번스는 오랫동안 염원했던 발굴을 시작했다. 30명의 인부가 그를 돕기 위해 삽과 곡괭이, 수레를 갖고 왔다. 단 7일 후에 에번스는 그토록 바라마지 않던 증거를 손에 쥐었다. 글자와 숫자로 보이는 기호들로 뒤덮여 있는 구운 점토판이었다. 에번스는 《타임스》 신문에 선사시대 문자 체계

로 이루어진 미지의 언어로 된 기록에 대해 의기양양하게 보고했고 독자들은 매혹됐다. 점토판에는 무엇이 기록되어 있을까? 상품 목록일까? 궁중 문서일까? 에번스는 점토판에서 두 가지 문자 유형을 구별할 수 있었다. 글쓴이가 보조선으로 사용한 수평선을 근거로 문자에 '선형문자 A', '선형문자 B'이라는 보조 명칭을 부여했다.

그것으로 다가 아니었다. 지면 바로 아래, 때로는 단 30센티미터 아래에서도 인부들은 궁전의 잔해를 발견했다. 이제까지 드러난 모든 궁전들보다 더 큰 규모였다. 건립자는 고도로 발전된 미지의 문화에 속한 사람이 틀림없었다.

그로부터 30년이 넘는 시간 동안 에번스는 황소가 뛰는 모습이 담긴 놀라운 벽화를 발견했고, 작은 입상, 꽃병, 뛰어나게 아름다운 장신구와 청동 제품들을 발견했다. 모두가 너무나 현대적인 모습이어서 이 물건들이 3천 년 전이 아니라 고작 3년 전에 땅속에 묻혔다고 해도 믿을 정도였다. 단 9주 만에 인부의 수가 세 배로 늘었고, 에번스는 8천 제곱미터, 즉 핸드볼 경기장 열 개 크기의 지면을 발굴해 잊혔던 문명의 중심지를 세상에 드러냈다.

에번스 이전에는 그때까지 아무도 알지 못했던 문화 전체를 발견하는 큰 행운을 누린 고고학자가 거의 없었다.

11년 전 작은 돌에서 시작되었던 추측이 이곳에서 믿기 어려운 확증을 얻은 셈이었다.

남은 이야기

아서 에번스는 자신이 발견한 모든 것을 재구성하여 이주민들이 기원전 2800년경 소아시아와 리비아에서 크레타로 왔고 이미 살고 있던 석기 시대 인간들을 몰아냈으리라는 이론을 발전시켰다. 그러나 이 이론은 오늘날 반박된다. 크노소스의 발굴은 으리으리한 궁전의 발견을 의미할 뿐만 아니라 유럽의 가장 오래된 고도 문명으로의 진입이라는 의미를 지녔

아서 존 에번스

1851년 7월 8일~1941년 7월 11일
고고학자, 박물관 관장,
크노소스 궁전과 미노스 문명의 발견자

유복한 가정에서 태어났으며 아버지가 고고학자였기에 어렸을 때 에번스의 집은 모든 것이 과거를 중심으로 돌아갔다. 에번스는 1884년부터 1904년까지 옥스퍼드의 에슈몰린 박물관 관장을 지냈다. 그는 크레타섬을 발굴해 크노소스 궁전을 발견하고 미노스 고대 민족을 되살렸으며 유럽의 가장 오래된 문자 문화의 흔적을 발견했다. 슐리만과 마찬가지로 에번스 역시 고대 신화에 관심을 두고 자신의 발굴물을 해석했다.

다. 에번스의 공로는 미노스 왕의 이름을 따 '미노스 문명'이라고 그가 지칭하는 문화 전체를 재발견한 것이다.

에번스는 1935년까지 크레타 발굴을 주도했다. 1941년 아흔 살의 나이로 세상을 뜬 후에도 높은 존경을 받았으며 옥스퍼드셔주에서 작위를 받고 아서 에번스 경이 되었다.

선형문자 A와 선형문자 B의 해독은 임종을 맞기 전까지 그의 가장 큰 포부였다. 하지만 그가 사망한 뒤 일부만 해독됐다. 선형문자 A는 미지의 언어를 토대로 하기에 오늘날까지 풀리지 않았다. 선형문자 B는 그리스어로 적혀 있어 이를 통해 1952년 언어학자 마이클 벤트리스가 해독하는 데 성공했다.

Καταγραφή αδών εργασίας, υπό την εποπτεία του «βασιλέως», δηλαδή του αξιωματούχου της περιφερειακής διοίκησης.

Working teams supervised by the "basileus", i.e. the peripheral administration official.

선형문자 B 점토판.

크노소스 궁전의 북쪽 현관.

바빌론 이슈타르의 문
콜데바이, 오리엔트의 중심지 바빌론을 발굴하다

1904년 베를린. 괴짜 연구자 로베르트 콜데바이Robert Koldewey는 5년 전부터 바그다드에서 멀지 않은 메소포타미아의 외딴 곳 바빌론에서 발굴을 하고 있었다. 이제 그는 마침내 발굴지를 뒤로하고 먼 길을 떠나 처음으로 고향에서 휴가를 맞았다. 친척과 친구들이 그의 방문과 그가 가져올 재밌는 이야기를 기쁜 마음으로 기다렸다. 심지어 황제 빌헬름 2세는 친히 그를 초대해 베를린 성에 있는 자신의 응접실로 오라고 청했다. 콜데바이는 발굴의 사명을 띠고 동방에 간 유일한 독일인이었다.

예술에 관심이 있는 군주는 고고학자의 작업에 활기차게 참여했다. 물론 그는 연구 결과보다 주목할 만한 발굴물에 훨씬 더 관심을 보였다. 그는 눈을 감고 이런 광경을 상상했다. 베를린 한가운데에 박물관이 있고, 입구 위에 자신

콜데바이는 1887년 누이에게 보내는 편지에서 바빌론을 "지독하게 황량하며 (……) 주변 몇 킬로미터 거리에 나무 한 그루 볼 수 없고 낙타들이 가시덤불 사이로 흔들흔들 지나가는 더러운 곳"이라 묘사했다.

의 이름이 걸려 있으며, 전시실은 동방에서 온 물건들로 가득하다. 전시물들이 온 장소와 시대는 사람들을 놀라게 한다. 너무도 큰 화제를 불러일으켜서 베를린 사람들만 몰려오는 것이 아니다. 황제 자신도 성서에서 중요한 역할을 하고 있는 나라에서 온 진품들을 원한다. 어떤 박물관이 방문객들에게 그런 인상적인 것을 내놓을 수 있을까?

바빌론은 한때 최고의 도시이자 세계에서 가장 큰 도시였다. 1,179개의 신전이 있었으며, 고대 오리엔트의 중심지이자 우주의 중심으로 여겨졌던 이 도시는 그 이름이 이야기로만 전해져 왔다. 사람들은 이곳에 하늘과 땅을 연결하는 축이 뻗어 있었다고 말했다. 돌로 변해버린 기적, 즉 바벨탑과 세미라미스 여왕의 공중정원, 마차를 타고 달릴 수 있는 유명한 성벽은 2천 년 이상 흙과 잿더미에 묻혀 있었지만 사람들은 여전히 이곳에 매혹되어 있었다. 바벨탑 역시 특별한 의미를 지녔다. 이 탑은, 아니 이 지역 전체는 인간의 오만의 상징이 되었다. 신에게 이르는 탑을 세울 수 있으리라 믿은 인간들에게 그들 도시의 종말이 예언되었다.

바빌론과 특히 관련이 깊은 위대한 남자가 있었다. 바로 기원전 6세기 예루살렘을 정복하고 유대인 주민들을 바빌론으로 끌고 갔던 네부카드네자르 2세다. 콜데바이는 이 신비로운 도시에서 무엇을 발견할 수 있을까? 어쩌면 독일인들이 이 지역에서 영국 경쟁자들에 조금 앞서 있는 게 아닐까? 어쨌든 설형문자 해독은 당시로부터 약 100년 전에 독일인이 성공했다. 동방에서의 중요한 고고학적 발견 역시 독일인이 쟁취해야 했다. 그것이 독일 황제의 뜻이었다!

빌헬름 2세는 콜데바이의 작업에 큰 희망을 걸었을 뿐만 아니라 자신보다 나이가 약간 많고 제멋대로인 이 발굴자와의 교제도 무척 즐겼다. 콜데바이는

입을 열면 황제 자신이 유프라테스의 땅에 있다고 착각할 정도로 재미있고 아는 것이 많은 대화 상대였다.

군주는 이미 6년 전에 자신의 성에서 이 고고학자를 맞은 적이 있었다. 그리고 알현 마지막에 그에게 레바논의 웅장한 도시 바알베크를 탐사하라는 임무를 주었다. 이 기념비적인 로마시대의 유적 도시에 지배자가 관심을 가진 이유는 자신이 매우 숭배하는 황제 안토니우스 피우스가 그곳에 주피터 신전을 세웠다는 이야기가 있었기 때문이다.

콜데바이는 "언제 그곳으로 떠날 수 있소이까?"라는 황제의 질문에 "오늘 저녁에요!"라고 답해 황제를 놀라게 했다. 황제는 콜데바이가 늘 탐험 짐가방을 꾸려서 갖고 다니는 습관이 있음을 알지 못했다.

1904년 콜데바이는 다시 황제 앞에 서서 바빌론에 대해 보고하며 발굴된 건물들의 스케치를 보여주었다. 건축학을 배우지 않은 황제의 눈에도 유적이 분명 조형적으로 보였다. 콜데바이가 스케치한 그림의 비밀은 모든 건물의 각 부분과 벽의 아주 작은 잔재까지, 그 모든 것을 마치 남동쪽으로부터 태양빛이 비추는 듯이 그리는 것이었다. 이는 그림자도 그린다는 뜻이다. 낮은 벽의 그림자는 짧게, 높은 벽의 그림자는 길게.

로베르트 콜데바이는 관리의 아들로 1855년 독일 하르츠의 작은 마을 블랑켄부르크에서 태어났다. 열 살 때 그의 가족은 함부르크 근처 알토나로 이사했다. 그는 건축가가 되려고 대학에서 건축학 공부를 시작했다. 공부를 위해 베를린과 뮌헨, 빈으로 간 그는 이 시기에 일군의 젊은 미국 학자들을 알게 됐다. 그들은 그리스와 터키로 탐사 여행을 떠날 예정으로, 고대에 열광하는 건축가를 찾고 있었다. 젊은 남자들은 즉시 서로 호감을 느꼈고, 미국 학자들은 콜데바이에게 동행을 부탁했다. 그때부터 그가 발굴을 위해 떠나 있지 않은 해는 없었다. 그는 트로이 근처 트로아스를 조사했고, 탐험대를 따라 메소포타미아로 갔으며, 이탈리아에서는 고대 건물들을 측량하고 그랬다. 건축과 고대라는 커다란 두 열정은 줄어들 줄 몰랐다. 어쨌든 그는 대학 공부를 결국 끝내지 못했다.

1897년 콜데바이는 베를린에서 사전 답사에 참여해달라는 부탁을 받았다. 동양학 교수 에두아르트 자하우와 함께 프로이센 박물관을 위해 발굴할 만한 가치가 있는 장소를 찾는 일이었다. 우루크, 아수르, 바빌론은 큰 기대를 불러일으키고, 낯선 동시에 기이하게도 친숙하게 들리는 이름들이었다. 프랑스인과 영국인들은 아시리아에서 귀중한 보물들을 자국의 박물관에 이미 갖다놓았으므로 황제도 독일 제국을 위해서 비슷한 발굴물을 기대했다. 이 열강들은 식민지를 손에 넣기 위해 경쟁했을 뿐만 아니라 왕년의 세계 제국들의 예술품들을 자국으로 가져오는 데에도 서로 앞서가려 경쟁했다.

남자들은 바그다드로 갔다가 거기서 대상과 함께 아직 땅 밑에 있던 바빌론으로 갔다. 끝없는 모래와 원주민들이 '바빌'이라 부르는 구릉들 틈에서 흥미로운 그림이 새겨진 깨진 기와가 콜데바이의 눈에 띄었다. 그는 그 가운데 석 점을 챙겼다.

베를린으로 돌아온 콜데바이는 감격에 흠뻑 젖어 바빌론에 관해 보고했다. 그는 이 쇠망한 장소를 확실하게 부활시키는 이야기를 이어나가다가, 감동적인 묘사의 절정에서 가져온 기와를 꺼냈다. 청중은 감격했다. 성서에서 알려진 신바빌로니아 왕들의 수도, 호화롭고 화려하고 웅장한 건축물을 지닌 바빌론이야말로 이런 임무에 완벽히 어울리는 도시였다!

바빌론

바빌론은 바빌로니아 제국의 수도로 아주 특별한 장소다. 기원전 2000년경 이 화려한 도시는 이미 세계의 중심지로, 우주의 중심지로 간주되었다. 도시의 크기는 오늘날 약 470제곱킬로미터의 작은 국가 안도라와 비슷했다. 바빌론 발굴이 시작되었을 무렵에는 모래로 뒤덮인 언덕들만이 이곳이 수백 년 동안 버려지고 파괴된 옛 터임을 증명하고 있었다. 로베르트 콜데바이는 유프라테스강 유역의 지하수면이 높아 원래 기대했던 만큼 깊이 파 내려갈 수 없었기 때문에 기원전 2000년까지가 아니라 네부카드네자르 2세(기원전 605~562)의 시대까지만 발굴했다.

박물관 사람들은 바빌론과 콜데바이를 선택했다. 독일에서 그토록 다양한 경험이 있는 동방 발굴자가 또 어디 있겠는가? 게다가 그는 대부분의 동료들처럼 '책상머리'나 지키는 것이 아니라 직접 행동하는 사람이었다. 그리고 아랍어를 유창하게 구사했다!

그로부터 불과 몇 달 뒤 프로이센 박물관을 위해 동방 발굴을 수행할 독일 동방협회가 창립됐다.

메소포타미아 연구는 독일 제국에서 가장 중요한 과업 가운데 하나가 되었으며, 황제가 친히 협회의 회장을 맡았다. 군주의 개인 금고에서 바빌론 탐사의 재정이 지원될 터였다. 신중을 기하기 위해 프로이센 박물관 내에 근동아시아 부서가 먼저 설립됐다.

1898년 12월 11일 콜데바이는 베를린을 떠나 바알베크를 거쳐 알레포로 가서 보조 연구원 한 명과 발굴 준비를 했다. 그런 다음 한 대상의 인도를 받아 바그다드를 거쳐 바빌론으로 향했다. 이듬해 3월 26일, 우선 24명의 인부와 함께 발굴을 시작했다. 임무의 목적은 왕실 박물관을 채울 조각상을 비롯한 고대 유물들을 찾고, 건축물의 나머지 부분을 발견하고 기록하는 것이었다. 상태 좋은 사진을 찍어 오는 것도 위원회가 명확히 밝힌 소망이었다.

콜데바이가 가장 먼저 발굴을 시작했다. 콜데바이에게 많은 것을 약속하는 듯 보이는 여러 개의 언덕이 핵심이었다. 원주민들은 이 곳을 카스르라 불렀는데 '성'이라는 뜻이었다. 콜데바이는 여기서 네부카드네자르 왕의 궁전을 발견하길 기대했다. 6주 뒤에는 인부의 수를 190명으로 늘이지 않을 수 없었다. 건물의 잔재와 만나기 위해서 치워야 하는 흙더미가 상상할 수 없을 정도로 많았다. 몇몇 인부들은 곡괭이를 들고 24미터 깊이의 땅속으로 들어가야 했다!

5년 후 카스르 주위로 둥글게 땅이 파였다. 거대한 지역이라 유적이 곳곳에 흩어져 있어 그 밖의 여러 곳에도 발굴지가 만들어졌다. 전담 전령이 발굴자들 사이의 연락을 맡았다.

뜨거운 열기가 콜데바이의 기력을 앗아가고 건강을 갉아먹었다. 그는 자주 아프고 눈에 띄게 수척해졌다. 추운 계절에도 발굴지 숙소 지붕 위에서 축축한 담요를 덮고 잠을 자니 당연한 일이었다. 물이 증발하면서 생기는 냉기가 자신에게 좋다고 믿었기에 매달아놓은 깡통에서 떨어지는 물이 담요를 축축하게 적시도록 했던 것이다.

발굴지의 상황도 사람을 지치게 했다. 그동안 인부들이 발굴한 터는 한눈에 담을 수 없을 정도로 거대했으며, 건축물들의 역사는 혼란스럽고 불분명했다. 눈앞에 드러난 수많은 벽과 거리, 운하와 방에 관해 어떻게 설명해야 할지도 몰랐다. 베를린에서 이제까지의 결과에 아직 만족하지 않는다는, 정신이 번쩍 들게 하는 지시가 왔다. 그 후 고고학자는 카스르에만 집중했다. 강렬하게 빛나는 다채로운 벽돌 부조물들이 점점 더 많이, 점점 더 짧은 간격을 두고 모습을 드러냈다. 벽돌 위에는 강한 사자와 황소, 기묘한 상상의 존재들이 모사되어 있었다. 10미터 폭의 도로가 콜데바이 앞에 드러난 1903년 어느 날, 그는 또 하나의 거대한 건축학적 구조물인 성문과 마주쳤다. 그로부터 아홉 달 동안은 성문 발굴 작업을 했다. 바로 이슈타르의 문이었다. 이슈타르의 문은 네부카드네자르 2세 시대의 것으로 도시의 다섯 성문 가운데 하나였다. 이 문은 시내 마르두크 신전으로부터 시의 성벽까지 이어지며 특히 화려하게 조성된 10미터 폭 도로, 즉 '행진 거리'의 끝에 놓여 있었다. 이슈타르 여신에게 바쳐진 것이라 이슈타르의 문이라 불렀다. 성문은 바빌론의 전설에 싸인 시벽의 일부로, 이 성벽 위에서 사람들은 말과 수레를 타고 달릴 수 있었다. 일찍이 고대 세계의 기적으로 손꼽혔던 이 성문이 파괴된 모습이긴 해도 한때 틀림없이 존재했던 것이다! 콜데바이는 베를린 한가운데에 성문이 다시 세워진 모습을 머릿속에 그려보았다. 독일에서 보낼 첫 휴가 때 그는 황제에게 보고를 할 생각이었다.

1914년 제1차 세계대전이 발발할 때까지 콜데바이는 몇 가지 더 놀랄 만한 발굴을 하는 데 성공했다. 네부카드네자르의 궁전을 발굴했고, 세미라미스 여왕의 공중정원으로 추정되는 자리를 찾아냈으며, 또 하나의 세계적 기적인 바벨탑의 토대를 발견했다. 오늘날까지 학자들이 발견하고 있는 것은 대부분 그의 뒤를 따르는 것들이다.

1917년 콜데바이는 작업을 끝마치지 못하고 바빌론을 떠났다. 황

로베르트 콜데바이

1855년 9월 10일~1925년 2월 4일
건축가, 고고학자,
바빌론의 발굴자, '건축 연구'의 창시자

로베르트 콜데바이는 당시 사람들이 유프라테스 유역을 탐험할 만한 인물이라 여긴 독일의 유일한 고고학자였다. 그는 건축과 그 연구의 가치를 특별하게 평가한, '건축 연구'라는 새로운 고고학의 선구자로 일컬어질 만하다. 1917년 귀국 후 그는 뤼겐섬 발굴 작업에 몰두했다.

제가 세계의 절반을 이끌었던 전쟁 때문에 다른 선택의 여지가 없었다. 전쟁이 갑자기 터지는 바람에 그때까지 독일로 옮겨지지 않은 발굴물들은 그 자리에 그대로 남았다. 1925년 2월 4일 콜데바이는 다시 바빌론으로 돌아가지 못하고 예순아홉의 나이로 베를린에서 세상을 떴다. 베를린에 이슈타르의 문을 재건 하겠다는 큰 꿈을 이루지 못한 것이다.

그가 죽은 후 1년 뒤에 콜데바이 협회가 창립된 것을 보면 그가 학계에서 얼마나 중요한 역할을 했는지 알 수 있다. 협회의 학자들은 과거의 건축물을 연구에 매진했다.

남은 이야기

콜데바이의 바빌론 발굴은 전설 속 장소를 현실로 데려온 셈이었다. 그 전에는 이 고대 도시가 이토록 광범위하게 발굴되고 증명된 적이 없었다. 계획한 대로 1910년 특별히 동방의 발굴물 보관을 위한 새 박물관 건설이 시작되었다. 1927년, 콜데바이가 1917년 바빌론에 남겨두었던, 벽돌로 채워진 500개의 궤짝을 실은 두 번째 화물이 아직 완성되지 않은 박물관에 도착했을 때 그는 이미 세상을 떠난 뒤였다.

하지만 그의 꿈 가운데 하나가 실현되었다. '페르가몬 박물관'이라는 이름의 박물관이 1930년 베를린 박물관 섬에서 문을 열자마자 이슈타르의 문은 그곳에서 가장 중요한 전시품 가운데 하나가 되었다. 오늘날까지 이슈타르의 문은 근동아시아 박물관으로 관객을 이끄는 가장 중요한 전시품으로, 네부카드네자르 2세 시대 바빌론 시의 일부를 보여준다.

콜데바이의 작업을 잇기 위해 고고학자들은 1945년 다시 바빌론으로 돌아갔고, 궁전과 로마 극장을 재건했다. 사담 후세인 치하의 이라크는 이 고대 도시를 관광명소로 재건하도록 했다. 미움받던 독재자 사담 후세인은 제2의 네부카드네자르로 자신을 기리기 위해 이곳을 축제 장소로 이용했다. 2003년 마지막 이라크 전쟁 중에 많은 고대 건물이 파괴되었고, 미합중국 부대는 고대 장소들에 숙영지를 세웠으며 발굴물들을 파괴했다. 2004년부터 바빌론에서는 더 이상 발굴이 이뤄지지 않고 있다.

거트루드 벨

"어떤 전쟁도 내가 콜데바이에게 느끼는 호감과 높은 평가를 끝내게 하지 못한다." 영국 작가 거트루드 벨(1868~1926)은 바빌론 발견자에 대해 이렇게 썼다. 벨은 비범한 여성이었다. 고고학자이자 탐사 여행자였고, '여성 아라비아의 로렌스'로 이라크 왕에게 정치적 조언을 했다. 그녀 덕분에 바빌론의 발굴물이 독일에 도착할 수 있었는데, 사실이는 절대 쉬운 일이 아니었다. 1926년 그녀는 죽기 직전 독일 반출 허가를 받았다. 전쟁이 끝난 뒤 바빌론은 영국의 위임 통치를 받았고, 법률적으로 영국이 발굴물을 요구할 수도 있었다. 콜데바이가 이를 예견했더라면 아마도 "여자는 발굴에 대해서 침묵해야 한다!"는 식의 여성 경멸적인 말을 자제했을 것이다.

이슈타르의 문 아래쪽에 부조되어 있는 동물 장식.

마추픽추로 가는 험난한 길
빙엄, 모험 끝에 수수께끼의 잉카 유적에 도착하다

1911년 7월 페루. 하이럼 빙엄Hiram Bingham은 소규모 탐사대의 보조원들과 함께 처음으로 우루밤바의 협곡에 발을 들여놓았다. 강물이 거대한 화강암 암벽 사이를 지나 깊은 곳으로 급강하하는 바로 그곳에 말이다. 거품이 부글거리고 물살이 미친 듯이 날뛰는 급류 속에서 여러 가지 색의 가파른 화강암 절벽이 약 1천 미터 높이로 우뚝 솟아 있었다. 그 사이는 오직 철철 흐르는 강과 뚫고 들어갈 수 없는 정글뿐이었다. 세상에 이렇게 믿을 수 없는 무대가 있으며 이런 마력을 지닌 곳이 있단 말인가?

그러나 풍경과 자연만 빙엄을 사로잡은 것이 아니었다. 촘촘하게 얽혀 있는 열대 덩굴식물 속 또는 우뚝 솟은 바위 끝에서, 몰락한 문화의 무너진 벽을 발견해야 한다는 생각이 무엇보다 그를 숨죽이게 하고 굽이굽이 돌아가는 협곡 깊은 곳으로 계속 잡아끌었다. 그는 조심스레 지역을 훑어보았다. 하와이 선교사의 아들로 대단히 부유한 미국 여인과 결혼해 수중에 돈이 넉넉했던 그는 유

12세기에 잉카 주민은 라마를 키우거나 농사를 지으며 티티카카 호수 근처에서 살았다. 1527년 스페인 정복자들이 발견한 잉카제국은 아무것도 없던 곳에서 몇 세기만에 95만 제곱킬로미터의 크기로 발전한 제국이었다.

명해지고 역사에 이름을 남길 수 있는 특별한 것을 찾으려 했다. 그는 옛날 책에서 읽었던, 전설에 싸인 잉카 인디오들의 마지막 도시인 빌카밤바를 찾고 있었다.

잉카에 대해 알려진 것은 스페인 정복자가 남아메리카를 침공하고 유럽 연대기 기록자들이 이 사실을 보고한 뒤부터였다. 전도유망한 앞날을 약속하는 이 보고들에 따르면, 콜럼버스가 아메리카를 '발견'한 뒤 스페인인들은 페루의 고지대에도 침입하여 사람이 살고 있는 마을들을 발견했다고 했다. 이 마을들은 믿기지 않을 정도로 놀라웠다고 한다. 빈틈없이 조직된 도시, 완벽히 설계된 도로, 값진 예술품과 끝없이 나오는 황금! 스페인인들은 이 황금 손에 넣을 생각에 주민들을 즉결 처분했다. 죽임을 당하지 않거나 도망치지 못한 사람은 노예가 되었다. 도시는 점령당했으며 성스러운 물건과 보물들은 무참히 빼앗겼다. 여러 세기가 흐르면서 잉카의 버려진 마을들은 사람들의 기억에서 거의 사라졌다. 밀림이 곧 다시 들어찼다.

약 400년 후에는 콜럼버스 이전의 시기와 관련된 것에 관심을 갖는 사람은 없는 것이나 마찬가지였다. 늪지대라든가 접근이 어려운 산꼭대기 어딘가에서 몰락한 문화의 흔적을 찾기 위해 불편한 탐험을 감수하는 사람이 있으리라고는 아무도 상상하지 않았다. 그러나 하이럼 빙엄이 그런 사람이었다. 고고학은 빙엄의 시대에는 신생 학문이었다. 많은 사람들이 트로이나 이집트의 왕가의 계곡, 그리스 올림피아 또는 메소포타미아에서 고대 문명들을 찾아 나섰고, 많은 곳에서 과거가

잉카는 통계학적 기록 체계를 지닌 사회였다. 그들은 출산이나 전쟁 사망자의 수를 설명하기 위해 색깔 있는 매듭 문자를 사용했다. 그 밖에도 잉카는 원거리 도로와 다리, 계단을 만들어 지형의 험난함을 극복했다.

발굴되었지만 잉카의 문화적 증거들에 대해서는 당시 아무도 관심을 기울이지 않았다. 만약 누군가 땅을 파헤친다면 대개는 전설 속 잉카의 황금 보물을 발견하기를 바라는 마음에서였다. 어쩌면 이 모든 것이 그에게 기회가 아닐까? 그가 믿기지 않는 잉카 인디오의 전설에 싸인 과거를 발견한다면 그것은 분명 그에게 명성과 인정을 가져다주리라.

7월 23일 저녁 하이럼 빙엄이 야영지로 삼은 곳은 만도르 팜파라는 이름의 작은 마을이었다. 그는 여기서 잉카 문명의 흔적을 발견했다고 생각했다. 며칠 전 그는 이웃 토지의 주인인 용감한 농부 멜코르 아르테아가를 알게 되었는데, 농부는 가볍게 손사래를 치면서도, 우거진 숲 속에 산재하는 옛날 돌들이야말로 세상에서 가장 자명한 것인 듯 '폐허'에 대해 친절하게 말했다. 빙엄은 큰 기대에 찼다.

이튿날 아침 차가운 가랑비가 내렸다. 멜코르 아르테아가가 빙엄을 만나자 낭패한 표정을 지었다. 오슬오슬 추운 날이라 이방인과 그의 조수들을 폐허로 안내하기보다는 따뜻한 집에 머물고 싶었기 때문이다. 그는 이런 날씨에 산을 오르는 일은 너무 위험하다고 설명했다. 쓸모없는 폐허와 콸콸 흐르는 강물, 그런 것들 때문에 모두 목숨을 걸어야겠습니까? 빙엄이 일당의 네 배를 약속하자 농부는 출발 준비를 했다.

한참을 걷던 아르테아가가 갑자기 정글로 돌진하더니 강가에 이르러 걸음을 멈췄다. 성난 소리를 내며 흐르는 강 위로 다리가 나 있었다. 농부가 다리를 건너자고 하자 빙엄은 무릎이 떨렸다. 나무줄기를 길게 쪼개 덩굴로 묶어놓은 한 줌 굵기의 다리였다. 그가 알고 있는 다리와는 전혀 달랐다. 아르테아가는 신

발을 벗고 능숙하게 균형을 잡으며 맞은편으로 나아갔다. 건너편에 도착한 농부는 용기를 북돋우는 손짓을 했다. 좁다란 지점은 특히 물살이 거셌다. 물속에 떨어지면 급류에서 솟아올라 있는 뾰족한 바위들에 부딪힐 터였다. 아무튼 다리에서 떨어지면 끝장이었다. 숨을 죽이고 엉금엉금 기어서 아주 조금씩 앞으로 나아가긴 했지만 어쨌든 다들 건너편 강변에 이르는 데 성공했다.

오르막길도 역시 엉금엉금 기어서 나아갔다. 미끄러운 길은 이제 가파른 비탈이 되어 산으로 이어졌다. 그들은 대단히 힘겹게 움직였다. 이른 오후 무렵 남자들은 작은 오두막에 이르렀다. 오두막에 사는 친절한 사람들이 뜻밖의 손님을 반기며 맛좋고 시원한 물을 대접했다. 먹고 힘을 내라며 고구마도 내놓았다. 빙엄은 잠깐의 휴식을 즐기며 주변을 둘러보았다. 바로 앞에는 거대한 화강암 벽이, 왼쪽에는 우아이나픽추의 외딴 봉우리가 우뚝 솟아 있었다. 접근하기 어려운 암벽들이 사방팔방을 에워싸고 있었다. 빙엄은 이곳에 사는 인디오들의 집이 독수리 둥지 같다고 생각했다. 누가 이곳에 예기치 않게 오게 되는 경우는 거의 없다고 인디오들이 말해주었다. 이곳과 연결되는 통로라면 급하게 흐르는 강물 때문에 거듭 쓸려 내려가는 다리와 새로 만든 도로, 이렇게 딱 두 가지밖에 없다고 했다.

폐허라면 빙엄은 충분히 보았다. 농부들이 말하길 자신들이 경작하는 수많은 계단식 밭은 이곳에 왔을 때 이미 존재했다고 했다. 그것이 잉카가 남긴 유일한 흔적일까? 빙엄은 흥미로운 것이 더 있으리라는 기대를 접었다. 아르테아가가 손님을 후대하는 인디오의 집에서 느긋하게 눌러앉자 빙엄은 다시 길을 떠날 때 그가 동행해주길 바라는 마음을 포기했다. 친절한 농부들은 어린 소년을 길잡이로 데려가게 해주고 심지어 짐을 실을 노새까지 내어주었다.

잉카에는 온 제국에 정보를 전하는 잘 훈련된 파발꾼이 존재했다. 고도의 차이는 그들에게 아무런 문제가 되지 않았다. 한 팀의 파발꾼이 1,800킬로미터의 산악지대를 가로지르는 데는 5일 밤낮이 필요했다.

얼마 후 두 사람이 산의 돌출부를 돌자 석재의 속성이 눈에 띄게 달라졌다. 200미터 이상의 길이와 3미터 높이의, 거대한 돌로 만든 계단이 빙엄 앞에 나타났다. 이 인상적인 돌계단 뒤로 돌아가니 미답의 원시림에 발을 들여놓게 되었다. 그리고 어느새 한눈에 담을 수 없을 만큼 큰 집들의 미로 한가운데에 와 있었다. 빙엄은 자신의 눈을 믿을 수 없었다. 물론 이 모든 집들이 수백 년의 시간 탓에 나무와 이끼로 뒤덮여 있긴 했지만 몇몇 곳에서는 한때 아름답고 질

좋은 석재를 썼음을 알아볼 수 있었다. 세심하게 다듬어지고 이제껏 한 번도 본 적이 없는 방식으로 짜 맞춰진 하얀 화강암 마름돌들. 어린 동행자가 더 많은 건물과 근사한 방들을 보여주었다. 모두 지극히 예술적인 벽과 이어져 있었다. 빙엄이 보기에 그가 아는 '옛날 세계'의 그 어떤 건물들보다 더 굉장한 건축물이었다. 그는 곧 이 건축의 또 다른 특별한 점을 발견했다. 벽이 회반죽 없이 축조되었는데 돌 사이에 틈이 없었다. 마치 시간이 지나면서 돌이 자라서 서로 붙은 것 같아 보였다. 이곳의 석공은 분명 정밀한 도구 없이 오로지 눈대중에 의존하여 작업했을 텐데, 그가 해낸 것을 보라! 벽은 모든 건축학적 엄격함으로부터 자유로웠고, 돌들은 살아서 숨을 쉬는 듯 보였다. 세상으로부터 완전히 단절된 이곳에 어떻게 이렇게 온전한 도시 하나를 건설할 수 있었을까? 어떻게 기계를 사용하지 않고 몇 톤의 무게가 나가는 돌들을 싣고 와서 가공할 수 있었을까?

대체 그가 와 있는 이곳은 어디인가?

다음 날에도 빙엄은 놀라움에서 벗어나지 못했다. 반원의 신전, 소년이 안내해준 커다란 계단, 그 밖에도 숨 막히는 많은 건축물들을

마추픽추

우루밤바 계곡 위쪽, 해발 2,450미터 높이에, 순전히 사람이 손수 만든 인공 계단으로 이루어져 있는 산턱에 마추픽추가 있다. 마추픽추는 거대한 잉카 제국의 수도였던 적은 없으나 그 위치와 웅장한 돌 건축 때문에 마지막 거주자들이 스페인 침입자들에 대항하는 보루로 삼았다. 이 도시는 오늘날까지 방문객들에게 수수께끼를 낸다. 몇 톤 무게의 바윗덩어리들을 어떻게 회반죽도 없이 정확히 딱 들어맞게 쌓아 올릴 수 있었을까? 그리고 어떻게 채석장에서 직육면체로 자른 마름돌들을 이 접근하기 어려운 지역으로 옮겨 올 수 있었을까? 많은 비밀들이 1527년 프란시스코 피사로와 단 167명의 스페인인에게 무릎을 꿇을 수밖에 없었던 수수께끼 민족을 에워싸고 있다. 그리고 그로부터 불과 9년 뒤 한때 그토록 자랑스럽고 용감했던 잉카의 종말이 확정되었다.

175

본 그는 자신이 완벽하게 특별한 장소를 발견했다는 확신을 얻었다. 이곳의 이름은 무엇이냐고 묻자 동행자가 설명했다.

"다른 이름은 몰라요. 그저 이곳을 품고 있는 산과 똑같이 듣기 좋은 소리의 이름으로 부르지요. 마추픽추요."

마추픽추의 유적 대부분은 빽빽한 숲에 덮여 있었다. 벽 위에는 키 큰 나무들이 자라고 있었다. 또 어떤 것들을 더 발견하게 될지는 판단이 불가능했다. 빙엄이 아는 것이라고는 자기 앞에 그가 보았던 것 가운데 가장 놀라운 유적이 있다는 사실뿐이었다. 아무리 대담한 꿈속이라 해도 감히 상상할 수 없을 유적이!

남은 이야기

놀랍게도 하이럼 빙엄은 이후 몇 년 동안 마추픽추에 큰 관심을 보이지 않았다. 생을 마칠 때까지 이곳이 빌카밤바일 거라고 확신하고 있었는데도 그랬다. 이 인상적인 유적지를 발견하고 나서 그는 1년 뒤에야 잠깐 동안 이곳으로 돌아왔다. 연구와 기록 작업은 다른 사람에 맡겨두었다.

3년 뒤인 1915년 마지막으로 페루를 잠시 방문했을 때 페루 당국은 그가 전설에 싸인 잉카의 황금을 찾아서 몰래 국외로 반출했다고 의심했다. 말도 안 되는 이야기였지만 그는 체포될 위험에 처했다. 그가 처음에 페루로 돌아가지 않았던 것은 유명해지려는 목표를 이루었기 때문이었다. 이후에 그는 마추픽추와 잉카 황금의 발견자로 유명인사가 되었다. 그는 진정한 의미에서 마추픽추를 '발견'한 것은 아님을 인정했다. 빙엄이 처음 발을 들여놓았을 때 그곳은 전혀 미지의 장소가 아니었다. 그렇지만 그는 앞 사람들 누구도 하지 못한 일을 했다. 마추픽추에 대해 알리고 글을 써 그곳을 덮고 있던 망각의 장막을 걷어낸 것이다.

하이럼 빙엄은 마추픽추로 가는 아주 오래된 옛 길이 그의 이름으로 불림으로써 오늘날까지 생생하게 기억되고 있다. 그 길에 이름을 남긴 사람은 1948년 마지막으로 페루 땅을 밟았다. 미국 시나리오 작가이자 제작자인 조지 루카스 역시 영화 〈인디아나 존스〉의 등장인물로 빙엄의 기념비를 세웠다. 오늘날 마추픽추는 유네스코 세계문화유산으로 지정되어 있다.

높은 산에 돌계단을 만들고, 그 위에 건설한 마추픽추의 전경.

수천 년 만에 깨어난 투탕카멘
카터, 파라오가 온전히 잠든 묘를 발견하다

1922년 10월 이집트. 잘 차려입은 쉰 살의 남자 하워드 카터Howard Carter가 카이로 시장을 어슬렁어슬렁 돌아다니고 있었다. 마침내 제2의 고향 이집트에 다시 온 것이다! 영국에서 배를 타고 도착한 지 얼마 되지 않았지만 여기서 나일 강을 거슬러 올라 왕가의 계곡으로 가는 힘든 여행을 떠나기 전 그는 이집트 수도의 혼잡함을 즐겼다. 낯설면서도 친숙한 냄새와 광경들을 탐욕스레 흡수하는 동안 그의 시선은 레몬빛 카나리아가 앉아서 즐겁게 지저귀고 있는 황금빛 새장에 멎었다.

카터는 동물을 사랑했다. 이 작은 존재를 보자 가슴이 부풀어 올랐다. 발굴지 숙소에 두면 딱 좋을 친구로구나! 그는 상인과 흥정한 뒤 새장을 들고 그곳을 떠났다.

며칠 뒤 왕가의 계곡에 있는 발굴지 숙소에 이르자 원주민 인부들이 반가워하며 그를 맞았다. 이른 봄부터 그를 보지 못했기 때문만은 아니었다. 그가 데려온 새로운 동숙자 때문이었다. 이집트인들은 좋은 징조라고 입을 모았다. 이번 발굴 시즌에는 뭔가 귀중한 것을 발견할지도 모른다면서.

카터 역시 그러기를 얼마나 바랐는지……. 그가 카나본 백작을 만난 날로부터 어느새 15년의 세월이 지났다. 백작을 알고 난 후 대단한 발견을 하고 싶은 희망이 처음으로 구체적인 형태를 띠게 되었다.

카나본 백작은 모험을 좋아하는 도락가였다. 이미 스물세 살에 세계 절반을 항해한 그는 고향 영국에서 승인한 세 번째 자동차의 소유주이기도 했다. 1901년 자동차로 독일을 여행할 때 달구지와 부딪치는 큰 사고로 중상을 입어 여러 차례 수술을 받았는데, 이후에도 늘 고통스러운 두통과 호흡장애를 겪었다. 그래서 백작은 겨울을 이집트에서 보내기 시작했다. 그곳에서 고고학이 자신이 바라던 일임을 발견한 그는 사막의 바닥에서 비밀을 캐고 싶은 충동을 느꼈다. 그렇지만 그에게는 고고학적 전문 지식이 없었기에 전문 지식이 있는 조언자가 있는지 여기저기에 문의했다. 카이로의 이집트 박물관 관장인 가스통 마스페로가 그에게 하워드 카터를 소개했고, 두 남자는 만나자마자 곧바로 서로에게 호감을 느꼈다.

그때부터 두 사람은 왕가의 계곡 근처에 있는 데이르 엘 바하리 공동묘지와 나일강 삼각주에 자리한 공동묘지의 수많은 무덤을 고고학적으로 조사했다. 두 남자는 아직 아무도 발을 들여놓지 않은 무덤을 발견하기를 열망했다. 도굴꾼이나 보물 사냥꾼들을 피해 수천 년 동안 훼손되지 않고 견뎌낸 무덤을……. 터무니없는 소망일까?

카터는 한때 테베의 공동묘지였던 유명한 왕가의 계곡 발굴 허가를 신청하라고 백작을 설득했다.

사람들은 '파라오들의 묘지'에서는 이미 모든 것이 다 발견되었다고 경고했지만 백작은 카터의 제안을 받아들여 발굴 허가권을 얻어냈다. 하지만 어디서 시작해야 할까? 실제로 이곳은 모두 샅샅이 수색한 듯 보였다. 수십 명의 도굴꾼, 보물 사냥꾼, 고고학자들이 이미 그들에 앞서 이곳에 왔었다. 물론 아무도 어디서, 어떤 성과의 발굴이 있었는지 기록해놓지 않았다. 거대한 흙더미가 잇달아 놓여 있고 사이사이 땅바닥에 무덤으로 들어가는 입구인 검은 구멍이 나 있는 것이 보였다.

1902년부터 1914년까지 왕가의 계곡 발굴 허가권은 미국 변호사이자 백만장자인 테오도르 데이비스가 갖고 있었다. 그는 처음에 카터의 지원을 받아 무덤 서른 기를 발견했다. 그러나 데이비스는 이 무덤의 골짜기를 '소진'된 것으로 간주하고 발굴을 중단하고 발굴 허가권을 반납했고, 그다음으로 카나본 백작이 발굴 허가권을 취득했다.

왕가의 계곡을 발굴하는 사람이라면 당연히 파라오의 무덤을 발견하기를 희망했다. 카터와 카나본 백작은 처음부터 투탕카멘이라는 이름의 파라오의 묘를 목표로 찾고 있었다. 투탕카멘의 존재는 카나본 백작과 마찬가지로 아마추어 고고학자였던 부유한 미국인 테오도르 데이비스가 발굴 작업 중에 먼저 만났다. 바로 이탈리아 북부의 도시 파엔차산 술잔 하나와 사자의 방부 보존을 위해 사용된 여러 작은 물건들에서 이 알려지지 않은 파라오의 이름을 또렷하게 읽을 수 있었던 것이다. 데이비스는 이른바 '무덤'에서 투탕카멘의 이름을 지닌 황금 물건들을 구해냈을 때 자신이 이 파라오의 무덤을 발견했다고 확신했다. 카터는 데이비스를 잘 알았지만 데이비스의 그런 생각을 알고 피곤한 미소만 지어 보였다. 투탕카멘의 마지막 쉼터는 바로 자신과 백작이 발견할 것이기 때문이었다.

카터와 카나본 백작이 희망을 품고 왕가의 계곡 발굴 허가를 손에 쥐던 해에 제1차 세계대전이 일어났다. 처음에는 유럽이, 나중에는 근동까지 전쟁에

소년 왕 투탕카멘

투탕카멘이 기원전 1332년 파라오의 왕좌에 올랐을 때 그의 나이는 겨우 여덟 살이었다. 당시에는 '투탕카텐'으로 불렸고, 불안한 시대를 살았다. 선왕인 아크나톤은 통치 기간 동안 새로운 종교를 도입했다. 또한 원반의 태양 '아톤'을 유일신으로 격상시키고 이집트 신들의 세계에서 다른 모든 신들을 금지했다. 투탕카텐은 권좌에 오르자마자 사람들에게 다시 아문, 이시스, 오시리스를 비롯해 다른 신들에게 기도하는 것을 공식적으로 허락했다. 투탕카텐은 '아톤 종교'의 종식을 가시적으로 보여주기 위해 투탕카멘으로 이름을 바꾸었다. 열여덟 살 무렵의 나이에 사망하여, 영광스러운 업적을 이루기에는 짧은 삶을 살았다. 그리하여 그의 이름은 왕가의 계곡에서 뜻밖에 그의 호화로운 무덤이 발견된 뒤에야 세상에 알려졌다.

얽혀들었다. 두 남자가 과감한 프로젝트에 착수하기까지는 3년을 기다려야 했다.

어떻게 작업을 진행해야 할까? 어디서부터 시작해야 할까? 왕가의 계곡은 크고 넓었다. 카터는 세 개의 특정 무덤, 특히 람세스 6세의 무덤 옆을 깊이 파 내려가기로 마음먹었다. 그렇게 그들은 일을 시작했다.

그들의 열정은 작지만 값진 물건들을 거듭 발견하는 것으로 보답받았으나, 그 가운데 무엇도 파라오의 무덤이라고 알려주는 증거는 없었고 시간은 가차 없이 흘렀다. 장소를 잘못 선택한 걸까? 그들은 다른 자리로 옮겨서 두 해 겨울 동안 운을 시험해보고 난 후 또다시 처음부터 시작했다.

5년이라는 세월 동안 백작은 주로 자금을 맡았고, 서른한 살 무렵부터 정기적으로 나일강의 땅을 여행한 카터는 노련한 발굴자의 역할을 담당했다. 마침내 백작은 심사숙고하기에 이르렀다. 자신의 돈이 이집트 태양 아래 버터처럼 녹아 없어져 버렸기에 비관적 목소리들에 귀가 솔깃해지며 파라오의 무덤 찾기를 그만두려 했다. 하지만 카터는 여전히 확신이 있었다. 백작은 이번 발굴 시즌을 위해 마지막으로 자금을 준비하겠다고 말했다.

측실
NEBENKAMMER

관이 놓인 방
SARGKAMMER

VORKAMMER 전실

SCHATZKAMMER 귀중품실

1922년 여름, 두 남자는 5년 전 발굴을 시작했던 람세스 6세의 무덤 근처에서 마지막으로 다시 한번 투탕카멘의 무덤을 찾아보기로 하고 영국에서 작별했다.

카터가 1922년 10월 카나리아와 함께 왕가의 계곡에 이르렀을 때였다. 백작은 아직 영국에 체류하고 있었으므로 카터는 우선 백작 없이 작업에 착수했다. 이제 그 역시 마음 깊이에서는 어떤 극적인 일이 벌어지리라는 기대를 접은 상태였다.

11월 3일, 카터의 발굴 보조원들은 그의 지시에 따라 제20왕조, 대략 기원전 1100년에 노동자들이 살았던 오두막들을 뜯어내기 시작했다. 고고학자가 계획한 대로 작업을 진행하는 데 방해가 되기 때문이었다. 인부들은 거침없이 일을 진행해 하루 만에 끝마쳤다. 다음 날 아침, 작업 도구의 소음이 아니라 기대에 찬 정적이 카터를 맞았다. 뜻밖의 일이 일어난 것이 틀림없었다. 그는 서둘러 현장으로 갔다. 그리고 인부들이 발굴해놓은, 바위를 깎아 만든 계단을 보고 온몸에 전율이 흐르는 것을 느꼈다. 흥분한 그는 인부들에게 자갈 더미를 치우게 했다. 자갈을 치우자마자 바위를 깎아 만든 층계가 눈앞에 뚜렷하게 드러났다. 적어도 무덤 하나를 발견한 것이다. 누구의 무덤일까? 이미 사용된 적이 있을까? 별로 중요하지 않은 관리나 사제의 휴식처일까? 아니면 벌써 발굴되었던 무덤일까? 카터는 신중을 기하기 위해 실망할 각오를 했다.

해가 질 무렵 인부들이 작업을 마치자 계단이 완전히 드러났다. 한 걸음 한 걸음, 카터는 열여섯 개의 층계를 천천히 내려갔다. 아래에 이르자 숨이 막혔다. 계단 끝에 문이 하나 있었다. 문은 회반죽으로 봉인되어 있었다. 왕가의 매장에서 보이는 봉인들로 미루어 짐작했을 때 문 너머에는 틀림없이 중요한 인물이 잠들어 있을 듯했다! 발굴지 바로 위에 있던 제20왕조 시대 노동자들의 오두막들은 오두막이 세워진 이래 아무도 묘소 안에 발을 들여놓지 않았다는 증거였다. 카터는 다시 한번 전율했다. 아무 성과 없이 여러 해를 보내고 난 끝에 마침내 이런 발견을 하다니!

그는 즉시 문을 열게 하고 싶었지만 카나본이 없는 자리에서 이 순간을 경험한다면 그가 결코 용서하지 않을 것이라는 생각이 들었다. 그래서 카터는 문에 작은 전기 램프로 밝힐 수 있을 정도의 구멍을 뚫고 안을 들여다보았다. 안에는 돌과 자갈밖에 없었다. 기쁜 일인가? 그렇다, 아마도. 왜냐하면 돌과 자갈은 무덤을 보호하는 징표일 수 있기 때문이었다.

카터는 위로 올라가 모든 것을 다시 덮으라고 지시했다. 그리고 가능한 한 빨리 가장 가까운 마을로 가서 카나본 백작에게 감격에 찬 전보를 쳤다. "마침

내 골짜기에서 놀라운 발견. 훼손되지 않은 봉인이 있는 굉장한 무덤. 오실 때까지 다시 전부 덮어놓음. 축하를!" 백작은 즉각 답신을 보냈다. "가능한 한 빨리 가겠음." 실제로 그는 딸 에블린과 함께 단 18일 만에 테베에 도착했다.

카터는 안절부절못하며 백작을 기다렸다. 백작이 도착하자 두 사람은 함께 생애 최고의 모험이 기다리고 있는 곳으로 서둘러 움직였다. 덮었던 흙을 치우고 계단을 따라 내려간 그들은 경외심에 찬 채 봉인된 문 앞에 나란히 섰다. 그때 무덤이 완전히 무사하다는 카터의 처음 생각이 잘못됐다는 사실을 알아차렸다. 도굴꾼들이 손을 댄 것이 분명했다! 하지만 한 가닥 희망은 남아 있었다. 문은 부숴 열었지만 그다음 다시 봉인을 해놓은 것을 보면 무덤이 완전히 비어 있지는 않으리라. 그렇지 않다면 이런 안전 조처는 아무런 의미가 없을 테니까. 그리고 봉인들은 투탕카멘의 이름을 말하고 있었다!

문을 열고 난 후 며칠 동안 그들은 눈앞에 나타난 9미터 길이의 복도에서 흙 더미를 치웠다. 복도가 완전히 깨끗해지자 두 사람은 놀라움에 가득 차 홀린 듯이 두 번째 문 앞에 섰다. 카터는 떨리는 손으로 문의 왼쪽 윗부분 구석을 쳐서 구멍을 내고 조심스레 뒤로 물러섰다. 어쩌면 독가스가 새어 나올 위험이 있을지도 몰랐기 때문이다. 그는 구멍에 조심스레 초를 갖다 댔다. 아무 일도 일어나지 않자 기대에 차 방 안을 들여다봤다.

투탕카멘의 묘에서 카터와 카나본 백작은 자신들이 꿈꿨던 목표에 도달했을까? 그러나 주위를 둘러보아도 관도 미라도 발견할 수 없었다. 물을 것도 없이 놀라운 물건들은 많았다. 가구, 궤짝, 의장 마차, 황금 신발을 신고 황금 두건을 쓴 실물 크기의 파수꾼 형상이 잔뜩 쌓여 있었다. 하지만 관은 없었다. 그때 그들은 손전등 불빛 속에서 또 하나의 문을 발견했다. 또 닫힌 문이었다. 두 사람은 머릿속이 복잡해졌다. 저 뒤에 묘실이 숨어 있을 까? 죽은 파라오가 그들을 기다리고 있을까?

다만 한 가지, 카터에게는 분명한 일이 있었다. 비밀의 장소로 더 깊숙이 들어가기 전에 이미 발견한 보물들과 후세를 위해 책임지고 해놓아야 할 일이었다. 귀중한 물 건들을 보존하고, 어디서 발굴되었는지 기록하고, 방들 을 측정해야 했다. 카터는 이 순간이 얼마나 중요한지 의

"눈이 빛에 익숙해지는 동안 낱낱의 것이 점차 어둠 속에 서 나타났다. 기이한 동물 들. 조각상과 황금. 사방에 서 황금이 반짝였다. 순간 나는 놀라서 말문이 막혔다. '뭔가 보입니까?' 카나본 백 작이 불안스레 물었을 때에 야 나는 겨우 말할 수 있었 다. '네, 놀라운 것들이 보입 니다.'"

식하고 있었기 때문에 당장 다음 문의 비밀을 확인해보고 싶은 마음을 억눌렀 다. 그리고 후세를 위해 모든 것을 사진 기록으로 남겼다. 그들이 안쪽으로 한 걸음씩 들어갈 때마다 그 장소는 이미 이전과 똑같지 않을 것이기 때문이었다. 또한 보물들 자체는 박물관의 보호를 받도록 해야 했다. 카이로 이집트 박물관 으로 보내야 하리라.

이듬해 2월에야 전실이 비워졌다. 이제야 비로소 문을 열 때가 된 것이다. 카 터는 전과 비슷하게 일을 진행했다. 우선 작은 구간을 열고 전기 램프의 빛으 로 구멍을 통해 방 안을 들여다보았다. 그는 완전히 말문이 막혔다. 순금으로 된 벽과 파라오의 관이 보였다. 이곳이 관이 놓인 방으로 들어가는 입구였던 것이다!

두 시간 뒤 그들은 문을 통과할 수 있었다. 카터가 첫 번째로 방 안에 발을 들여놓았다. 그는 경외에 가득 차 황금으로 도금된 관을 바라봤다. 관은 방 전 체를 채울 만큼 거대했다. 관의 문은 양쪽으로 열어젖히는 방식이었는데, 그 들은 문이 봉인되지 않았음을 알아차리고 가슴이 덜컥 내려앉았다. 이게 무슨 뜻일까? 그들은 말없이 빗장을 풀고 문을 열었다. 안에 보이는 것에 몸이 굳었

다. 봉인이 훼손되지 않은 관이 하나 더 있었던 것이다. 여기에 정말로 3천 년 전부터 방해받지 않고 파라오가 잠들어 있다는 뜻이었다.

하워드 카터와 카나본 백작은 마침내 가장 담대한 꿈의 목적지에 도달했다. 파라오가 손에 잡힐 듯 가까운 곳에 있었다.

유럽에서 무덤 발견에 대한 최초의 기사와 사진, 영화들은 상상할 수 없을 정도로 본격적인 이집트 열광을 불러왔다. 무덤을 발견하고 4년째가 되는 1926년 처음 석 달 동안 파라오의 무덤을 찾아온 전 세계의 방문객은 1만 2,300명에 달했다.

파라오의 무덤을 발견했다는 소식은 들불처럼 퍼져 왕가의 계곡에 기자들과 평소보다 더 많은 관광객들이 순식간에 모여들었다. 하지만 작업을 더 이상 이어나가지 못한 것은 이러한 상황 때문만은 아니었다. 이집트 정부 역시 이 소식에 주목해 발굴물들을 어떻게 배분할 것이냐고 질문을 제기한 것이다. 명확히 하지 않는 한 카터는 발굴을 계속할 수 있는 허가를 받지 못할 터였다! 그런 와중에 카나본 백작이 쉰여섯의 나이로 폐렴에 걸려 사망했다. 파라오 발굴 작업의 진척 상황이 불확실해졌다.

1926년에서 1927년으로 넘어가는 겨울에야 관계자들 사이에 합의가 이루어졌다. 카터는 비로소 마지막 걸음을 내딛을 수 있게 되었다. 그는 마침내 황금 관을 열었다. 안에 또 하나의 관이 있고 또 하나의 관이 더 있었다!

"고고학자에게는 말로 형언할 수 없는 순간이었다. 우리는 다시 미지의 것 앞에 서 있었다. 이 관은 무엇을 숨기고 있을까? 격한 흥분 속에서 나는 마지막 봉인되지 않은 문의 빗장을 잡아당겼다. 천천히 문이 열렸다. 우리 눈앞에, 온 관을 채우는, 엄청난 노란색 규암 관이 있었다. 마치 경건한 손이 방금 닳아놓은 듯한 모습 그대로였다……."

모든 보물을 땅 위로 올리는 데 거의 석 달이 걸렸다. 하지만 마침내 마지막 순간이 왔다. 드디어 카터와 조력자들은 비워진 묘실에 섰다. 묘실에는 파라오의 관이라고 추정되는 관이 있었다. 가져온 도르래의 감개들이 끼익끼익 소리를 내면서 움직이자 석관이 1센티미터씩 열리기 시작했다. 모두들 숨을 죽였다. 아마포 헝겊이 보였다. 오직 아마포만이 보였다. 하지만 천

하워드 카터

1974년 5월 9일~1939년 3월 2일
스케치 화가, 고고학자.
투탕카멘 무덤의 발견자

카터는 그림에 타고난 재능이 있었다. 이미 열일곱 살에 그는 이집트 탐사 기금에서 일자리를 얻었다. 카나본 백작인 조지 허버트를 알게 된 것은 그의 인생에서 결정적인 전환점이 되었다. 자산가인 귀족은 그가 그때까지 거의 알려지지 않은 파라오 투탕카멘의 무덤을 찾는 일을 가능하게 했다. 카나본 백작이 죽은 뒤 카터는 세계 곳곳을 돌아다니며 자신의 발견에 대한 강연을 했다.

을 하나씩 제거하자 그들이 이제껏 보았던 모든 것 중에 가장 아름다운 파라오가 보석의 눈과 황금 얼굴로 그들을 마주 보았다.

카터가 묘 내부에서 나온 수많은 물건들을 자세히 기록하고 조심스레 꾸려 카이로로 보내기까지 10년이라는 세월이 걸렸다. 함, 석관, 황금 마스크, 순금으로 된 관 하나를 포함한 세 개의 관, 장식품, 왕의 표장들, 가구, 무기, 기름, 향유, 용기, 악기, 투탕카멘의 할머니 티예의 머리카락을 비롯해 무수한 것들이 더 있었다.

하워드 카터는 그때까지 거의 알려지지 않은 파라오의 묘와 함께 1932년까지 그곳에 머물렀다. 그의 이름은 파라오의 이름과 영원히 함께할 것이었다.

<u>남은 이야기</u>

오늘날까지 학문 명칭 KV 62라는 이름의 투탕카멘의 묘는 고고학사에서 다른 모든 고고학적 발견들을 능가하는 가장 대단한 발굴로 여겨진다.

이러한 엄청난 발견이 있은 뒤 연구자들은 수십 년 동안 왕가의 계곡에 관심을 두지 않았다. 이곳에서 중요한 발굴은 모두 이루어졌다고 확신했기 때문이다. 그렇지만 왕가의 계곡은 오늘날에도 놀랄 거리를 제공하고 있으며 늘 새로운 무덤이 또 드러나곤 한다. 2014년 4월 9일에 계곡의 북동쪽 끝에서 연구자들은 도굴꾼들에 의해 파괴된 묘를 발견했는데, 여기에는 도굴꾼들이 두고 떠난 열다섯 구의 미라가 남아 있었다.

황금으로 만들어진 투탕카멘의 관 뚜껑.

뗏목을 타고
남태평양을 건넌 위대한 항해
헤위에르달, 실험 고고학을 실천하다

"그럼 뗏목으로 페루에서 태평양까지 당신이 직접 항해를 시도해보십시오."

1946년 여름 뉴욕. 토르 헤위에르달Thor Heyerdahl은 이 농담에 할 말을 잃었다. 그의 앞에는 브루클린 박물관의 명망 있는 인류학자이자 큐레이터인 허버트 스핀덴 박사가 앉아 있었다. 청년 민족학자인 헤위에르달은 10년 동안 자신의 획기적인 이론을 뒷받침할 자료를 모았고, 그 자료를 바탕으로 집필한 원고를 스핀덴 박사에게 평가해달라고 보냈다. 그는 폴리네시아와 태평양의 여러 섬의 주민들이 남아메리카에서 이주했으리라고 추정했다. 그리고 그에 관한 스핀덴의 의견을 듣고 싶었다. 하지만 원고는 표지조차 건드리지 않은 채 그들 사이에 놓여 있었고 노신사는 그런 생각을 알려고도 하지 않았다! 스핀덴 박사는 태평양 섬들의 최초 주민들은 동남아시아에서, 즉 헤위에르달의 생각과는 정반대 방향에서 왔다고 확신했다. 스핀덴 박사는 진지한 학자라면 태평양 섬의 주민들이 동남아시아에서 왔다는 생각을 의심하지 않을 것이라고, 노르웨이에서 온 이 청년은 호감이 가기는 하지만 분명 조금 미쳤다고 생각했다.

토르 헤위에르달은 오전 시간을 낭비했다고 생각했다. 하지만 품위 있는 사무실의 문을 닫고 나와서도 그 말이 머리에서 떠나지 않았다.

"그럼 당신이 직접……."

그렇다! 그는 바로 그렇게 할 생각이었다. 그는 발사나무로 만든 뗏목을 타고 남아메리카에서 폴리네시아로 항해하기로 마음먹었다. 그래서 오래전부터 품어왔던 자신

실험 고고학

수백 년 동안 고고학자들은 책상에 편안하게 앉아서 연구를 했다. 그들은 책과 고대 문헌에서 지식을 얻었다. 자신이 읽은 내용을 수천 킬로미터 떨어진 곳에서 검증하거나 발굴자로 활동하기 위해 길을 떠나는 것은 당연한 일이 아니었다. 실험 고고학은 한 걸음 더 나아갔다. 실험 고고학자들은 추측에 머무르지 않았다. 그들은 길을 떠나서 직접 활동했다. '실험'을 한 뒤 언제나 이론에 맞는 구체적인 증거들을 입수하는 것은 아니지만, 원칙적 가능성에 대한 중요한 증거를 얻었다.

의 이론을 증명하고, 남아메리카의 원주민이 가장 소박한 수단으로 태평양의 섬들에 이를 수 있었다는 사실을 증명할 셈이었다. 그것을 위해 그는 뉴욕에 온 것이었다. 학문의 잘못을 깨우쳐주려고!

토르 헤위에르달은 관찰에서 지식을 얻었다. 그는 10년 전에 아내 리브와 함께 18개월 동안 태평양 마르키즈 제도의 작은 섬인 파투히바섬에서 살았다. 여기서 그는 흥미로운 사실을 관찰했다. 예를 들어 바람은 늘 동쪽, 즉 남아메리카 쪽에서 불어온다는 사실이었다. 서쪽 항로로 가는 항해자는 노를 사용할 필요 없이 바람을 타고 나아갈 수 있는 셈이었다.

그러나 이것 때문에만 자신의 이론을 확신했던 것은 아니었다. 그들은 남아메리카 조각상과 혼동할 정도로 비슷한 조각상들도 발견했다. 그다음에는 한 원주민이 자기 종족의 과거와 관련한 신화를 들려주었는데, 최초의 인간인 콘티키가 어떻게 태양과 함께 동쪽으로부터 왔는지에 관한 이야기였다. 이 모든

콘티키는 잉카의 창조신이다. 잉카인들은 콘티키와 신하들이 뗏목을 타고 동쪽으로부터 이 땅으로 와서 자신들 문명의 초석을 놓았다고 믿었다. 전설에 따르면 그들은 훗날 서쪽으로 바다를 건너 항해했다.

것이 그의 이론을 고찰해볼 만한 충분한 이유가 되지 않겠는가?

"페루에서 태평양 섬들까지 얼마나 걸릴까요?"

뉴욕에서 인류학자를 만나고 나서 얼마 지나지 않아 헤위에르달은 친분 있는 노르웨이인 선장에게 물었다. 그리고 이 계획을 위해 머리에 떠올리고 있는 뗏목을 묘사했다. 선장은 자신의 귀를 의심했다.

"발사나무로 만든 뗏목으로 8천 킬로미터가 되는 거리를 항해해서 태평양을 건넌다고요? 페루 원주민의 뗏목과 똑같이 만들어서? 맙소사! 만약 일이 잘못되면 뗏목은 조난을 당할 겁니다! 무한한 태평양에서 당신들은 사막의 모래알과 같겠지요. 누가 구해주러 갈 수 있을까요? 선원들은 굶주리고 목마를 것이며 익사하거나 상어 밥이 될 겁니다. 목적지에 결코 도달하지 못할 거예요!"

하지만 선장은 생각처럼 그를 설득할 수 없었다. 헤위에르달의 계획은 확고했다. 선장은 결국 어깨를 으쓱하며 지도를 가져왔다. 지도에는 태평양과 그곳을 지배하는 바람, 조류 등이 표시되어 있었다. 그리고 페루의 항구도시 카야오로부터 가장 가까운 폴리네시아 섬까지 뗏목으로 얼마나 걸릴지 계산했다. 선장은 잠시 생각한 뒤 추정치를 말했다.

"97일 걸릴 겁니다. 다만 일이 잘못되지 않았을 때 그렇습니다! 실제로는 문제가 발생하기 십상입니다. 항로를 이탈할 수도 있고, 바람 때문에 표류할 수도 있지요."

만약에 대비해 120일분의 식량을 가져가라고 경험 많은 뱃사람인 선장이 충고했다. 헤위에르달은 만족했다. 이제 어떤 대비를 해야 할지 알게 되었으니.

같은 해 11월, 계획이 마침내 확정됐다. 헤위에르달은 여행을 감행할 예정이었다. 그러려면 물론 뗏목 이외에도 선원이 필요했다. 철삿줄 같은 신경을 지녔으며, 믿을 수 있고, 심각한 죽음의 위험에 내맡겨지는 것쯤은 아무렇지 않으며, 사소한 일로 드잡이를 하지 않을 남자들이 필요했다.

그가 의사를 타진해본 첫 번째 사람은 유치원 때부터 친구인 에리크 헤셀베르그였다. 두 번째는 뉴욕의 노르웨이 선원들 집에서 아침 식사를 하며 알게 된 영리한 엔지니어 헤르만 바칭거였다. 바칭거는 다른 미래의 동행자들, 즉 크누트 하우글란드, 토르슈타인 로비, 벵트 다니엘손과 마찬가지로 모험심으로 가득 차 있었다. 모두가 흔쾌히 승낙해 여섯 명의 선원이 확정됐다. 그들 가운데 선원 출신은 에리크 헤셀베르그뿐이었다. 콘티키의 항해사는 물론 그가 될 터였다. 다른 남자들도 뗏목에서 각각 임무를 맡았다. 하우글란드와 로비는 통신사였으며, 다니엘손은 요리사였고, 엔지니어 바칭거는 기상과 해로 기록을 책임질 계획이었다. 즉 바람과 파도에 전념해야 했다.

다음으로 헤위에르달은 미국 국방성과 접촉했다. 국방성은 탐험대에게 방수 침낭, 구명조끼, 상어의 공격을 막는 '상어 가루'를 공급해주기로 했다. 그 대신 선원들은 군을 위해 날씨와 해류 상황을 보고하기로 했다. 뗏목은 미지의 지역을 항해하게 될 것이기 때문이었다. 모든 것이 착착 준비됐다. 그러나 헤위에르달은 선원과 장비뿐만 아니라 돈도 필요했다.

뉴욕에서 그는 '탐험가 클럽' 회원이 되었다. 탐험가 클럽은 세계의 학문적 탐구가 목적인 비공개 클럽으로 미지의 분야 탐사에 기여하는 모든 이들을 지원해주는 곳이었다. 어느 날 그는 가진 옷 중에서 가장 좋은 정장을 입고 맨해튼으로 갔다. 토르가 자신의 모험적인 계획을 이야기하자 덴마크의 극지 탐험가 페터 프로이헨이 유쾌하게 나무 의족을 쿵쿵 굴렀다. 자신도 너무나 함께 가고 싶었다. 하지만 그것은 불가능하기에 적어도 언론과 노르웨이 통신사, 특히 영화 제작자와 접촉하는 일을 힘껏 돕겠다고 했다. 하나같이 근사하게 들리는 말이었지만 그보다 중요한 문제가 있었다. 뗏목을 물에 띄우려면 우선 자금이 돌아야 했다.

『콘티키, 태평양을 뗏목으로 건너다』는 베스트셀러가 되었고 60개 이상의 언어로 번역되었다. 항해 과정을 찍은 기록 영화는 1952년 아카데미상을 받았다. 2012년 노르웨이 감독 요아킴 뢰닝과 에스펜 산드베르그의 영화 〈콘티키〉 역시 아카데미상 후보에 올랐다.

그렇다면 대부분의 사람들이 그의 계획을 완전히 미친 짓이라고 여기는 마당에 자금은 어떻게 구했을까? '국립 지리학회'가 6인의 동반 자살 행위이고 돈 낭비라며 헤위에르달을 비난하고 나선 뒤부터 일은 점점 더 회의적이 되어갔다. 그때 갑자기 동포의 위험한 모험에 열광한 여러 명의 노르웨이인들이 나타났다. 수천 달러가 모였고 헤위에르달의 자랑스러운 아버지가 부족한 나머지 자금을 쾌척했다. 뗏목을 만들 재료비뿐만 아니라 탐험대의 남아메리카행 비행기 표를 사기에도 충분한 금액이 모였다.

　페루의 카야오 항구에서 대원들은 처음으로 서로 만났다. 헤위에르달과 바칭거는 이미 필요한 건자재를 어렵사리 모두 모아놓았다. 이후 두 달 동안 여섯 남자는 뗏목 '콘티키'를 건조하느라 고되게 일했다. 14미터 길이에 60센티미터 두께의 발사나무 줄기 아홉 개가 기초로 사용됐다. 그렇게 만들어진 가로 6미터, 세로 15미터 크기의 판 위에 더 얇은 횡목들을 다시 한번 일렬로 놓은 뒤 그 위에 자유롭게 드나들 수 있는 대나무 오두막을 고정해 지었다. 모든 나무줄기는 오로지 삼끈으로만 묶었고 못이나 나사못은 단 한 개도 사용하지 않았다. 뗏목 바닥도, 오두막도, 돛대도 마찬가지였다. 1,500년 된 전형적인 잉카 뗏목과 같아야 했다. 이 뗏목과 함께 탐험은 성공할 것이라고 겁 없는 모험가는 확신했다.

　야자열매 하나로 뗏목의 진수식이 거행되고 환호하는 군중이 이를 지켜보았다. 그 가운데에는 기자들뿐만 아니라 여러 나라의 대사와 페루의 고위 공직자들도 있었다. 이윽고 일행이 출발했다.

　까마득한 바다 위에서 남자들은 곧 뗏목은 조종할 수 탁 트인 바다에 이르려면 남자들은 여러 주 동안 격심하게 노를 저어야 했다. 그래서 헤위에르달은 한 가지 타협을 했다. 견인선이 뗏목을 바다로 8킬로미터 정도 끌게 한 것이다. 또 하나 허용한 현대 기술은 무전기였다.

없다는 것을 깨닫고 걱정에 잠겼다. 어쩌면 시험 운항을 했어야 하지 않았을까? 의지가지없이 바람과 파도에 몸을 맡기고 있으려니 항로를 유지하지 못한다면 결코 중간 목적지인 훔볼트 해류에 이르지 못할 것이라는 생각이 들었다. 그들은 이 막강한 해류를 타고 태평양을 가로질러 폴리네시아까지 갈 작정이었다.

태평양의 해류에 합류할 때 파도가 서로 부딪치며 수 미터의 높이로 솟구치는 것을 헤위에르달은 계산에 넣지 않았다. 절망스럽게도 뗏목은 이틀 동안이나 반대 방향으로 갔고 남자들의 기력은 바닥났다. 그들은 기진맥진한 나머지 유일하게 옳은 일을 했다. 돛을 거두고 작은 오두막에 누워 뗏목을 운명에 맡긴 것이다. 그러자 믿을 수 없는 일이 일어났다. 뗏목이 코르크 마개처럼 오르락내리락 파도를 타고 떠내려갔다. 하지만 이 길이 97일 후에 폴리네시아까지 가리라고 산정한 항로와 실제로 같을까? 조종할 수 없는 배는 홀로 목적지를 찾아야 했다. '콘티키호'는 그렇게 할 수 있을까?

뗏목은 원하는 방향대로 조종 할 수 없었다. 만약 선원들이 섬을 만나지 못한다면 돌아올 길은 존재하지 않을 것이었다. 이번 항해는 완전히 성공을 거두거나 아니면 전 대원의 몰락을 의미할 터였다.

더욱 위협적인 것은 토르가 곧 알아차린 발사나무의 변화였다. 나무를 눌러보니 물이 솟아올랐다. 작은 조각을 떼어 뗏목 밖으로 던져보니 곧장 물속으로 가라앉았다. 발사나무는 단 2주 동안만 물에 떠 있을 수 있다는 예측이 맞는 걸까?

배의 밧줄도 걱정이었다. 밤이면 삭구들이 삐걱거리거나 딱 부러지는 소리, 긁히는 소리가 들렸다. 2주면 뗏목은 산산조각 나리라고 사람들이 예언했었다. 못도, 나사못도 없는 배는 가망이 없습니다! 대원들은 그로부터 며칠 동안 나무에서도, 삭구에서도 눈을 떼지 못했다. 그런데 믿을 수 없는 행운이 일어났다. 삭구들이 버티고 있었다. 나무가 물러져서 밧줄이 나무를 파고들었는데, 이때 생긴 깊은 홈이 다시 밧줄을 보호해주었다. 나무 또한 더 물러지지 않았다. 수액이 나무를 보호해주었기 때문이다.

이후 몇 주 동안 뗏목 위의 생활은 평온했다. 대원들은 돌고래, 참치, 상어, 날치들의 방문을 받았다. 뗏목 위에 착륙한 날치는 아주 맛 좋게 구워졌다. 남자들은 가져온 작은 고무보트로 이따금 짧은 소풍을 가기도 했다. 망망대해에 떠 있는 콘티키호를 처음으로 멀리서 바라보고 그들은 폭소를 터뜨렸다. 마치 건초 더미가 헤엄치고 있는 듯 보이는군!

기타를 연주하고, 이야기를 나누고, 웃고, 먹고, 마시고, 간혹 고향의 사랑하는 사람들로부터 전보를 받기도 했다. 그러나 이런 목가는 늘 중단되는 법. 그들의 마스코트인 앵무새 롤리타가 어느 날 파도에 붙잡혀 바닷속으로 끌려 들어갔다. 앵무새는 물에서 빠져나오려고 애쓰면서 파닥거리고 비명을 질렀지만, 맹렬한 속도로 나아가는 콘티키호를 따라잡지는 못했다. 전 대원은 유쾌한 여행 동무를 잃은 것을 슬퍼했다.

그러던 어느 날 도와달라는 커다란 외침이 울려 퍼졌다. 바칭거가 물속에 빠진 것이다. 동료들은 당황한 나머지 당연한 일, 즉 돛을 거두는 일을 잊었다. 콘티키호가 너무 빨리 움직여 바칭거는 수영에 능숙한데도 뗏목을 따라잡을 수 없었다. 그때 하우글란드가 구명조끼를 잽싸게 움켜쥐고 뒤따라 뛰어내려 친구의 목숨을 구했다.

페루를 떠난 지 여러 주가 흘렀다. 모두가 첫날만큼 기분이 좋은 것은 아니었다. 어떤 사람은 발밑에 단단한 땅을 다시 느껴보고 싶은 것 말고는 더 바라

는 게 없었다. 어떤 이는 상어의 피 냄새 때문에 기분이 좋지 않았다. 대원들은 이 바다의 약탈자에 대한 혐오감으로 살의를 느끼고 사냥을 했는데, 그러고 나면 뗏목 바닥은 으레 상어 피에 흠뻑 젖기 마련이었다. 오직 헤위에르달만이 여행을 계속할 수 있다고 생각했다.

날마다 이어지는 단조로움 속에서 격렬한 폭풍이 거듭해서 매우 달갑지 않은 기분 전환을 시켜주었다. 폭풍이 오면 남자들은 휩쓸려 내려가지 않기 위해 뗏목에 꼭 달라붙거나 몸을 묶었다. 결과는 좋게 끝났지만 그런 때마다 뗏목이 천천히 해체되어 가는 것을 간과해서는 안 되었다. 여행이 끝날 때까지 버틸 수 있을까? 헤셀베르그의 계산에 따르면 목적지는 이제 멀지 않았다. 7월 28일, 그가 알렸다.

"하루 반만 더 가면 푸카푸카섬이 우리 앞에 나타날 거야!"

정말로 벌써 새들이 보이기 시작했다. 선원들은 기대에 차서 15분마다 번갈아가며 돛대에 올라가 바다를 지켜보았다. 7월 30일, 정말 섬이 나타났다. 6시 10분, 헤르만이 바다에 놓인 평평한 띠 같은 섬들을 보았다! 그들은 홀가분한 마음으로 환호하며 서로를 껴안았다.

그렇지만 다음 문제가 닥쳤다. 어떻게 하면 섬에 닿을 수 있을까? 군도의 모든 섬은 둥근 고리 모양의 산호섬이었다. 즉 칼날처럼 날카롭게 물 위로 솟아오른 산호 암초로 이루어져 있다는 말이다.

마지막 암초에 이르기까지 여러 날이 지났다. 이 암초를 놓치면 절대 안 되었다. 그들은 양철통과 배터리, 폐물로 직접 만든 닻을 던지고 그 자리에 멈춘 채 가능한 한 큰 파도가 오기를 기다렸다. 파도가 다가오자마자 그들은 파도가 쳐 올리는 힘으로 암초를 넘기를 바라며 밧줄을 잘랐다. 파도가 몰아치자 엄

토르 헤위에르달

1914년 10월 6일~2002년 4월 18일
동물학자, 민족학자, 지리학자, 모험가,
실험 고고학의 대표자

헤위에르달의 주된 관심은 선사시대 민족과 그 기원이었다. 그는 대담한 탐험으로 자신의 이론을 증명하려 했다. 직접 만든 뗏목으로 남태평양을 횡단해 폴리네시아인들의 이주가 남아메리카에서 가능할 수 있었음을 보여주려 한 것이다. 이와 관련하여 그는 이스터섬도 탐사했다.

청난 소리가 났다. 돛대가 부러지고 궤짝들이 헤엄쳤다. 헤위에르달도 뗏목 너머로 쓸려갔다. 그는 헤엄을 치지 못했는데 운이 좋았다. 다음 파도가 그를 다시 뗏목 위로 돌려놓았기 때문이다. 그렇지만 이내 다음번의 거대한 격랑이 다가왔다. 이제까지 온 어떤 파도보다 높았다. 귀가 먹먹할 정도로 커다란 쾅 소리와 함께 뗏목이 환초 안으로 던져졌다. 그리고 거기 박힌 채 머물렀다.

이리하여 남자들은 망망대해에 오른 지 101일 뒤에 마침내 단단한 땅을 밟았다. 뉴욕에 있는 스핀덴 박사에게 토르는 당장 다음과 같은 무선 통신문을 전송했다.

"선사시대에 페루에서 오세아니아로 건너갈 수 있는 가능성을 검증함. 발사나무로 만든 남아메리카 뗏목이 어쩌면 모든 원시적 배 가운데 가장 항해에 적합한 것일 수 있음을 확인. (……) 남아메리카와 폴리네시아 사이의 광대한 바다는 원시의 사람들에게 방해가 되지 않았음."

남은 이야기

대담무쌍한 탐험을 성공리에 마친 뒤 남아메리카로부터 폴리네시아로의 이주가 성공했으리라는 토르 헤위에르달의 이론은 개연성이 매우 높은 것으로 여겨졌다. 그러나 오늘날에는 다시 반박되는 것 같다. 2008년 한 탐험대가 폴리네시아에 이르기 위해 쌍동선을 타고 필리핀에서 출발했다. 정확히 헤위에르달과 반대 방향에서 출발한 것이다. 반년 뒤 대원들은 목적지에 성공적으로 도달했다. 이로써 실제로 아시아에서 이주가 일어났을 가능성 역시 입증되었다. 헤위에르달은 이스터섬과 갈라파고스섬 탐험을 통해 평생 수많은 생각할 거리를 제공했고 많은 존경을 받았다. 비록 자신의 이론을 모두 증명하지는 못했으나 호감을 주는 태도와 관심을 불러일으키는 행동으로 큰 주목을 받았다. 오늘날까지 그는 실험 고고학의 개척자이자 가장 유명한 대표자로 여겨지고 있다.

현대 학자들은 헤위에르달의 이론을 극히 믿을 수 없다고 여기며, 또한 그사이에 유전학적 연구의 도움을 받아 반박되었다고 생각한다.

남태평양을 항해하는 콘티키호. 1947년.

가장 오래된 성서 사본
쿰란 두루마리
목동 모하메드, 염소를 찾다 보물을 발견하다

1947년 봄, 사해 서쪽에 위치한 쿰란 북부의 유대 사막. 작은 염소는 호기심이 너무 많아 바위마다 올라가 봐야 했다. 열다섯 살 베두인 소년인 모하메드가 오라고 부르면 한층 더 대담하게 가파른 암벽을 따라 껑충껑충 뜀박질을 했다. 염소들은 기어오르는 데 선수이며 자기 멋대로 가기를 좋아하지만, 목동이 자이납이라 부르는 염소는 특히나 무리에서 멀리 떨어져 움직였다. 어느 날 완전히 사라져버린다면……. 생각조차 할 수 없는 일이었다. 아버지가 소년에게 염소 떼를 돌볼 임무를 맡겼으니까. 아버지는 해가 질 때 아침과 똑같은 수의 염소가 가족의 천막 옆에 있기를 기대할 터였다.

베두인들은 염소 털로 햇빛을 차단하고 방수가 되는 검고 튼튼한 천을 짰다. 천막에 쓸 천이었다. 이들에게 염소 한 마리는 귀중한 재산이었고 어린 목동도 이를 잘 알고 있었다. 건방진 염소에게 보물이란 뜻의 자이납이라는 이름을 붙여준 것이 이런 이유 때문만은 아니었다. 모하메드는 자신과 부족에게 부를 마련해줄 진짜 보물을 남몰래 꿈꾸고 있었다. 소년은 이 근처에서 아주 먼 과거의 물건들이 자주 발견되었다는 이야기를 들었다. 이 오래된 물건이 왜 그리 흥미로운지 모하메드는 이해하지 못했지만 사람들이 그것에 아주 많은 돈을 지불한다는 사실은 알고 있었다. 소년에게는 충분한 정보였다.

모하메드는 제대로 하라고 자신을 나무랐다. 우선 염소를 찾아야 해! 소년은 돌멩이를 집어 자이납이 조금 전 보였던 곳을 향해 온 힘을 다해 던졌다. 다음 순간 도망자가 암벽 뒤에서 활기차게 튀어나왔다. 자이납은 무사히 돌아왔지만 그때 다른 것이 소년의 주목을 끌었다. 돌은 암벽에 있는 구멍 한가운데로 날아갔는데 뭔가에 부딪치면서 기이한 소리를 냈다. 어떤 물건이 깨지는 소

리? 모하메드는 호기심이 발동했다. 그는 가파르고 험한 비탈을 염소처럼 재빠르게 기어 올라갔다. 손과 발 밑에서 바위가 잘게 부서졌지만 그래도 오래지 않아 입을 벌리고 있는 구멍에 안전하게 도달했다. 소년은 호기심을 갖고 고개를 들이밀었다. 그것은 그냥 구멍이 아니라 동굴이었다! 그러나 어둡고 깊어 발을 들여놓기가 수월하지 않았다.

다음 날 모하메드는 사촌 둘과 함께 그곳을 다시 찾았다. 그들은 모하메드를 밧줄에 묶어 동굴 바닥으로 내려보냈다. 모하메드는 어둡고 깊은 곳을 향해 상당한 거리를 수직으로 내려갔다. 그러고는 어둠에 익숙해지기 위해 두 눈을 비볐다. 갑자기 뭔가가 보였다. 커다란 항아리 여러 개가 동굴 벽에 단정하게 기대 서 있었다. 그 가운데 몇 개는 훼손되지 않고 단단히 닫혀 있었고 어떤 것은 깨져 있었다. 그중 하나는 어쩌면 전날 그가 던진 돌 때문에 깨졌을 수도 있었다. 모하메드는 긴장한 나머지 몸이 떨렸다. 이 안에 꿈꾸던 보물이 있을까? 그는 항아리 하나를 조심스레 열었다. 열자마자 크게 실망했다. 안에 든 것은 황금이나 보석처럼 보이지 않았다. 그것은 보기 흉하게 들러붙은 천 두루마리들이었다. 누가 이런 쓰레기에 돈을 줄 것인가. 모하메드는 화가 나서 울음이 터질 것 같았다. 그래도 가져갈 수 있는 한 많은 두루마리를 챙겼다.

다른 두 소년이 모하메드를 위로 끌어 올렸다. 모하메드는 우울한 표정으로 발견한 것을 내밀었다. 소년들은 천 덮개 아래에 무엇이 있는지 살펴봤다. 얇고 파손되기 쉬운 가죽 두루마리였다. 이 무른 가죽으로는 간단한 샌들 끈조차 만들 수 없었다.

그런데도 세 소년은 자신들이 발견한 물건을 집으로 가져갔다. 어쩌면 아버지들은 이 두루마리로 무엇을 할지 떠올릴지도 모른다고 생각했기 때문이다.

    소년들이 무거운 짐을 갖고 숙소로 돌아오자마자 가족들이 모여들어 가방에 가득 든 것을 비우는 소년들을 흥미진진하게 지켜봤다. 일부는 가죽으로, 일부는 양피지로 만들어진 두루마리 말고 다른 것은 없었다. 일곱 개의 두루마리 각각에 기이한 문자들이 쓰여 있었다. 그리고 그 가운데 하나는 제법 멀쩡한 상태와 길이로 보아 조금은 특별한 것 같아 보이기도 했다. 두루마리를 펼치자 이 천막에서 다음 천막에까지 닿았다. 천막 사이의 거리는 약 8미터였다! 하지만 이것으로 무엇을 한단 말인가?

    모하메드와 가족은 발견물을 가까운 도시 베들레헴으로 가져갔다. 그곳에는 칸도라는 이름의 구두장이가 하는 유명한 골동품 상점이 있었다.

    칸도는 두루마리를 오랫동안 살펴보며 재료와 글자, 두루마리를 감싼 아마포를 꼼꼼히 따져보더니 두루마리 세 개를 사겠다며 몇 달러를 내놓았다. 베두인들은 이 행운에 어리둥절한 기분이었다. 게다가 칸도는 다른 네 개의 두루마리를 예루살렘의 시리아 정교 교구의 주교인 아타나시우스에게 가져가 보라고 권했다. 그러면 두루마리의 정확한 가치를 평가해줄 거라면서. 모하메드와 가족은 구두장이의 충고를 따라 인근의 대도시 예루살렘으로 가서 그곳 수도원에 있는 주교를 만났다. 운이 좋았다. 주교는 두루마리를 대단히 오래된 것으로 보았다. 정확히 얼마나 오래되었습니까? 거기에는 무엇이라고 쓰여 있습니까? 이 질문에는 주교 역시 대답할 수 없었다. 그는 두루마리를 무조건 갖고 싶어 하면서 베두인들에게 약 100달러라는 믿을 수 없는 금액을 지불했다.

당시에는 아무도 두루마리에 쓰여 있는 언어를 해독할 수 없었다. 칸도는 그 글자가 '고대 시리아어'일 거라 어림짐작했다. 고대 시리아어는 약 2천 년 전쯤에 이스라엘에서 쓴 일상어인 아람어를 뜻한다. 주교 역시 말할 수 있는 것은 짐작뿐이었다. 주교는 예루살렘의 히브리 대학교 교수인 엘레아제르 수케니크와 연락을 시도했다. 그렇지만 정치적 상황은 이런 시도를 하기에 전혀 호의적이지 않았다. 이 나라의 역사에서 가장 중대한 날 가운데 하나인 1947년 11월 29일, 유엔은 이스라엘 국가의 창건을 결정했다. 1919년부터 팔레스타인을 관리했던 영국인들은 예루살렘을 아랍 구역과 유대 구역으로 나눴다. 이로써 도시의 한쪽 끝에서 다른 쪽 끝으로 가는 일은 불가능해졌다.

칸도는 중개인들을 통해 교수와 연락을 취하는 데 성공했고, 새로 발견한 두루마리를 내놓았다. 이 약아빠진 골동품 상인은 베두인 가족이 찾아온 뒤 즉시 쿰란 주변의 동굴들 탐사에 직접 나서 발견에 성공했다. 비록 상황은 매우 까다로웠지만 수케니크 교수는 칸도에게서 두루마리를 구입하기 위해 목숨을 걸고 아랍인들이 통제하는 베들레헴으로 갔다. 그리고 아타나시우스 주교와 그의 두루마리에 대해서도 알게 되었다. 나라의 위험한 상황 때문에 수케니크는 몇 주가 지난 뒤에야 주교와 연락하는 데 성공했다. 주교는 자신이 가진 네 개의 두루마리를 학자가 이틀 동안 이용하도록 할 용의가 있음을 밝혔다. 덕분에 운 좋게도 수케니크는 쿰란 주변의 동굴에서 나온, 이 시대에 알려진 모든 텍스트 조각들을 조사할 수 있게 되었다. 조사 과정에서 그는 대단한 발견을 했다. 텍스트들 가운데 완전한 이사야 필사본이 있었기 때문이다. 구약 성서 가운데 이사야서의 사본으로 이제까지 알려진 필사본들보다 1천 년이나 더 오래된 것이었다. 대사건이었다! 그 밖에도, 알려진 것이라고는 이곳 사막에서 살면서 세상의 종말을 준비했다는 것뿐인 급진적 비밀 신앙 공동체인 에세네파의 구성원들이 썼을 가능성이 있는 성서의 다른 원본 필사본도 여럿 있었다. 이들 텍스트의 도움을 받으면 혹시 기독교의 발생을 이해할 수 있을까? 그런 점에서 문서 두루마리들은 대단히 흥미로웠다. 혹시 약 2천 년 전, 로마인들이 유다이아(유대)의 땅을 점령했을 때 에세네파의 구성원들이 사본을 만들어 이곳에 숨겨놓았을까? 이 텍스트가 이스라엘이 건국된 지금 예기치 않게 다시 나타나다니 이 무슨 우연이란 말인가.

이사야는 기원전 740년에서 700년경 자신의 예언을 기록한 예언자다. 그는 언젠가 구원자인 '메시아'가 와서 평화와 정의가 지배하리라고 예언했다. 그의 글은 다른 모든 성서 텍스트와 마찬가지로 원본이 아닌 사본으로만 남아 있다.

에세네파가 누구였는지에 대해서 학자들은 의견의 일치를 보지 못한다. 아마도 그들은 수도원 공동체에서 소유물도, 아내도 없이 함께 생활하는 일군의 남성 '현실 도피주의자'였을 것으로 추측된다.

수케니크는 주교에게서 두루마리를 사기 위해 가능한 모든 수단을 강구했다. 심지어 집을 저당 잡힐 생각까지 했다. 그렇지만 정치적 상황이 극단으로 치달았다. 아랍 인접국들은 이스라엘이 1948년 5월 창건된 뒤 곧바로 선전포고를 했다. 이 전쟁은 1949년 7월까지 이어졌다. 아타나시우스 주교는 문서 두루마리를 가지고 미국으로 도피하지 않으면 안 되는 처지에 이르렀다. 그곳에서 그는 두루마리를 팔아 전쟁으로 어려운 처지에 놓인 교구를 위해 자금을 구하고자 했다. 그렇지만 오래되고 볼품없는 두루마리를 구입하려는 사람은 아무도 없었다.

한편 세간에 놀라운 발굴에 대한 소식이 퍼질수록 흥분도 커졌다. 1949년에 첫 번째 고고학자들이 사해 계곡을 지나 쿰란으로 향했으며 2년 뒤에는 그곳에서 최초의 체계적이고 성공적인 발굴을 시작해 많은 수확을 거두었다. 고고학자들은 대부분 유감스럽게도 베두인들이 먼저 그곳에 왔다 갔음을 확인했다.

그러는 사이에 아타나시우스 주교는 미국에서 달리 방도를 찾지 못하고 1954년 6월 1일 《월 스트리트 저널》에 두루마리를 판다는 광고를 냈다. 연락을 해온 사람은 다름 아닌 그사이에 세상을 뜬 수케니크 교수의 아들이었다. 하지만 일은 그리 간단치 않았다. 법적으로 두루마리는 요르단의 소유였다. 두루마리가 발견된 지역이 이제는 요르단의 영토가 되었기 때문이

'원시 성서'를 찾아서?

학자들은 언제나 '원시 성서'와 같은 고대의 성서 필사본을 발견하기를 희망했다. 이전까지 가장 오래된 사본은 중세에 만들어진 것이었다. 고대의 원본들과 초기 사본들이 수백 년의 세월이 흐르며 모두 사라졌기 때문이다. 1956년까지 베두인들은 1,200개가 넘는 고대 문서 두루마리를 발견했고, 그 가운데 많은 것은 단편으로만 보존되어 있다. 쿰란의 발굴과 더불어 성서 연구자들이 오랫동안 품고 있던 소망이 실현되었다. 학자들은 이후 수십 년 동안 200개가 넘는 성서 모사본으로 연구를 진행했다. 그들이 알아낸 바로는 오늘날 알려져 있는 성서와 비교할 때 내용상으로는 아주 근소한 차이들만 확인된다는 사실이다. 구약 성서는 수천 년에 걸쳐 아주 정확하고 또 문구에 충실하게 전해 내려왔던 것이다.

모하메드 아흐메드 알하메드

1931년 출생
베두인, 목동, 쿰란 두루마리의 발견자

모하메드 아드 디브라 불리던, 베들레헴의 아미레 족 출신의 베두인 목동이었다. 염소를 찾는 동안 그는 사해 서쪽 해안의 한 암벽 동굴에서 오래된 두루마리 문서를 발견했다. 나중에도 종종 문서를 발견했고 고대 발굴물을 팔아서 약간의 달러를 벌었다. 하지만 쿰란의 두루마리와 같이 행운을 가져다준 발굴물은 다시는 없었다.

다. 얽히고설킨 상황이 아닐 수 없었다. 중개인들을 통해 마침내 판매가 이루어졌고 두루마리는 25만 달러에 이스라엘 국가의 소유가 되었다. 1955년 2월 13일 이 사실을 알게 된 이스라엘 당국은 그날 당일에 박물관 건립을 결정했다.

남은 이야기

1965년 예루살렘 이스라엘 박물관의 부속 건물인 '책의 사당'이 문을 열었다. 여기에는 이후 쿰란 주변에서 행해진 모든 발굴의 결과물이 들어와 있다. 쿰란 문서, 혹은 사해 문서라고도 불리는 75종의 성서 단편들을 비롯한 380여 종의 필사본들이다. 해마다 수백만 명의 방문객이 기원전 약 250년부터 40년까지의, 현존하는 가장 오래된 성서를 보기 위해 이곳을 찾는다. 오늘날까지 가장 인기 있는 것은 8미터 남짓한 필사본인 이사야 두루마리다. 모하메드 아흐메드 알하메드가 믿을 수 없는 발견을 한 날 베두인 천막들 사이에서 펼쳐본 바로 그 두루마리다.

2010년부터 마침내 사해 문서의 모든 텍스트가 40권 전집으로 인쇄되어 나온다. 수상쩍은 음모[I]에 관한 여러 설은 모두 근거가 없다는 것이 늦어도 이 시점부터 분명해진다. 두루마리들은 다른 측면에서도 중요하다. 이전까지 알려져 있던 가장 오래된 기록보다 1천 년도 더 앞선 히브리어 텍스트들이 처음으로 출현한 것이다. 그리하여 이 문서들은 기독교가 발생했던 시대를 일별하게 해준다.

세계에서 가장 오래된 성서의 텍스트 단편들을 전 세계가 고찰하고 읽고 탐구할 수 있도록 장차 인터넷에 모든 자료를 올릴 계획이다.

I 오스트레일리아의 작가 에이드리언 다게가 주장하는, 사해 문서를 둘러싼 교황청의 음모를 말하는 듯하다.

쿰란 두루마리가 발견된 동굴.

쿰란 두루마리 중 〈이사야서〉의 한 부분.

흙으로 만든 병사 병마용

우물을 파던 양즈파, 진시황의 군대를 만나다

1974년 중국 베이징에서 남서쪽 1,100킬로미터에 있는 옛 황제의 도시 시안 근처. 어서 비가 내리지 않으면 쌀 수확은 장담할 수 없었다. 초봄인데도 몇 주째 비가 한 방울도 내리지 않았다. 벼가 자라는 데는 물이 반드시 필요했기 때문에 이는 재앙이었다. 중국 사람들은 쌀이 주식이기 때문에 물이 공급되지 않으면 굶주림과 괴로움과 궁핍이 따를 터였다.

양즈파楊志发 역시 다른 농부들처럼 몇 주 전부터 매일 아침 논에 나와서 걱정스레 벼를 살펴보았다. 그는 15년 전에 겪은 마지막 기근을 너무나 선명히 기억하고 있었다. 당시 사람들은 절망하며 나무껍질을 벗겨 먹었고, 수백만 명이 굶주림으로 죽었다. 정치가들은 그런 일은 결코 다시 일어나지 않을 거라고 약속했지만, 베이징에 있는 사람들은 많은 것을 약속하고 지키지 않기 일쑤였다. 마을에는 아직도 수도가 없고 우물뿐이었다. 그러나 우물은 지하수의 수면이 계속 내려가면서 쓸모없어진 지 오래였다. 양즈파와 다른 두 농부는 별다른 방도가 없었다. 그들은 힘들겠지만 새로 더 깊은 우물을 파기로 결정했다. 마을에서 멀지 않은 곳에 적당한 자리를 발견한 농부들은 곡괭이와 삽을 들고 작업에 들어갔다.

땅은 비록 딱딱했지만 농부들은 일을 잘 해나갔다. 이틀 동안 지치지 않고 파 내려가자 땅의 색이 바뀌었다. 붉고 메마른 땅이었다. 그러나 구덩이를 우물로 바꾸어줄 지하수는 이날도, 다음 날도 전혀 보이지 않았다. 사흘째 되는 날 해가 중천에 이르렀을 때, 양즈파는 약 4미터 깊이의 구덩이 안에서 막 곡괭이로 바닥을 내려쳤다. 그런데 곡괭이가 박힐 때 갑자기 이상한 소리가 났다. 구덩이 밖에 있던 농부들이 관심을 보였다. 이곳 땅 깊은 곳에 뭔가 묻혀 있는 건가? 혹시 보물이?

흥분한 두 동료가 양즈파에게 내려가 발 앞에 놓인 기이한 발굴물을 바라보았다. 그들 앞에 인간 형상의 일부가 놓여 있었다. 물론 살과 피부와 뼈가 아니라 흙으로 되어 있는 것이었다. 형상의 목 부분에는 마치 오래된 그릇처럼 구멍이 입을 벌리고 있었다. 그들은 호기심으로 흙을 계속 파냈다. 잠시 후 실물 크기의 남자 형상이 드러났다. 그러나 머리와 다리 하나가 없었다. 흙으로 만들어진 인간의 형상. 혹시 옛 절터와 맞닥뜨린 것일까?

이제 어떻게 할 것인가? 구멍을 다시 흙으로 덮을까? 다른 곳에 우물을 팔까? 과거에서 온 남자가 다시 누워서 쉬도록 해줄까?

하지만 농부들은 종교와 관련 있을지도 모르는 장소에서 느끼는 경외감보다 호기심이 더 컸다. 땅을 계속 파니 흙뿐만 아니라 청동으로 만든 유물들도 점점 더 많이 나왔다.

그렇지만 이 발굴물을 어떻게 해야 한단 말인가? 몇 번 왔다 갔다 하던 양

진시황제

훗날 진시황제(기원전 259~210)가 된 영정이 왕좌에 오른 것은 열세 살 때였다. 때는 '전국시대'로, 그가 태어났을 때 이미 600년 이상 여섯 나라의 중국 왕국이 서로 전쟁을 하고 있었다. 젊은 왕은 불가능한 일을 이루는 데 성공했다. 그는 다른 모든 제국을 굴복시키며 전쟁을 끝냈고 진나라의 황제가 되었다. 그가 거둔 승리들은 그에게 역사상 가장 위대한 정복자라는 명성을 안겨주었다. 그의 군대는 과거를 통틀어 가장 크고 장비를 잘 갖추고 있었다. 그는 통치를 시작한 첫 해에 이미 거대한 무덤을 만들 것을 지시했다. 거기서 전 우주의 중심인 듯 신처럼 숭배를 받을 생각이었다. 2천 년 동안 아무도 그가 묻힌 거대한 무덤이 어디 있는지 알지 못했다. 그는 통치 기간 동안 또 다른 거대한 공사를 진행했는데 바로 만리장성 건축이었다.

즈파는 발굴물들을 신고하기로 결심했다. 그는 마을에서 불려온 부인들 몇몇의 도움을 받아 물건들을 가득 실은 수레 석 대를 10킬로미터 떨어진 린퉁 박물관으로 가져갔다. 학자들은 발굴물이 중국 최초의 황제인 진시황제가 다스린 진나라 시대의 귀중한 물건들임을 첫눈에 알아보았다. 황제의 무덤이 마을 바로 옆에 있었던 걸까? 흙으로 만든 남자는 이 무덤에서 나온 걸까? 세 농부는 감사의 말과 함께 보상으로 상금을 받았다.

오래지 않아 양즈파의 '우물' 주변에는 중국 고고학자들이 북적댔다. 구멍을 파고 시험 발굴이 이루어졌다. 시안에 사는 농부 양즈파가 흙으로 만든 병정을 발견한 일은 그때까지 중국에서 이뤄진 가장 위대한 고고학적 사건이었다. 양즈파가 발견한, 흙으로 만든 전사는 황제의 죽음의 군대를 이루는 아주 많은 파수꾼들 가운데 하나였다. 1974년에 시작해 지금까지 이어지고 있는 발굴의 결과는 장관이었다. 1만 2,600제곱미터 면적인 첫 번째 갱도에서만 6천 구의 병사들과 말이 다닥다닥 붙어 나란히 서 있었다. 2년 뒤 고고학자들은 연이어 더 작은 갱도들을 발견했고, 병사와 말, 기사, 궁수, 전차를 비롯해 수많은 부장품들이 수천 년의 세월 후에 새로이 햇빛을 보게 되었다. 모든 인물 형상은 실물 크기로 키가 1.8미터에서 2미터이며, 손으로 흙을 빚어 만든 것이었다. 파악하기 힘들 정도로 많은 수인데도 그 어떤 것도 똑같지 않았다. 모든 형상이 유일무이하고 개별적인 형태였으며, 게다가 처음엔 여러 가지 찬란한 색으로 칠해졌던 모양이었다. 고고학자들은 70만 명의 장인들이 30년 이상 이 군대를 만드는 작업을 했을 것이라 추산했다. 군대는 중국의 대제국과 같은 시대에 생겨나 2천 년 이상 황제의 묘실에 있는 보물들을 지켰다.

전체 묘역은 56제곱킬로미터의 면적을 차지한다. 이는 축구장 7,800개를 더한 면적보다 넓다.

양즈파

1933년 중국 시안에서 출생
농부, 병마용의 발견자

시안의 농부 양즈파는 1974년 다른 주민들과 함께 우물을 파고 있었다. 이때 점토 병사들과 부딪친다. 점토 병사들은 중국 최초의 황제를 죽음의 제국에서 지키기 위해 만들어진 것이었다. 양즈파는 정부로부터 1년 소득 정도의 보상을 받았다. 또한 병마용의 발견으로 높이 존경받았을 뿐 아니라 은퇴할 때까지 박물관의 기념품 가게에 고용되었다.

남은 이야기

전설적인 발견 뒤 얼마 지나지 않아 농부들이 열렬히 바라던 일이 일어났다. 비가 오랫동안 충분히 내린 것이다. 이로써 쌀과 채소를 수확할 수 있게 되었고 또다시 기근을 겪는 일은 면했다. 그럼에도 이 작은 마을은 전과 같지 않았다. 흙으로 빚은 군대가 발굴된 뒤 곧 관할 당국은 발굴지의 땅에 박물관을 건립하기로 결정했다. 양즈파를 비롯한 주민들은 고향을 떠나야 했다. 땅이 팔리

고 집은 철거되었다.

1979년 개관한 이래 매년 수백만의 방문객이 병마용 박물관을 찾는다. 중국 첫 황제와 함께 기원전 210년에 땅에 묻힌 유명한 친위대를 보면 누구나 경탄한다. 예나 지금이나 중국은 고고학적 유물이 지구상에서 가장 풍부한 나라라 할 수 있다. 현재는 이미 발견된 발굴물들을 복원하고 연구하고 있다. 그 후에야 발굴이 계속될 것이고 또한 기대되는 중국 최초의 황제 묘 진시황릉이 열릴 것이다. 1987년 병마용은 유네스코 세계문화유산이 되었다.

중국 시안에서 발견된 점토 인형 병마용.

바닷속에 잠긴 알렉산드리아의 궁전
고디오, 수중고고학을 개척하다

1995년 이집트 알렉산드리아. 자신의 팀과 함께 4년째 알렉산드리아 항구를 탐사하고 있는 수중고고학자 프랑크 고디오Franck Goddio는 탐사를 위해 대도시에 있는 부두의 탁한 물속으로 다시 들어갔다. 오늘날 이 이집트 항구 도시는 2천 년이 넘는 과거에도 같은 이름의 고대 도시가 있던 바로 그곳에 위치해 있다. 그때까지 고대 도시였음을 알아볼 수 있는 것은 별로 없었다. 현대에 수백만 인구가 사는 대도시에서 건물을 짓지 않고 그냥 남겨두는 땅은 없기 때문이었다. 단지 여기저기 작은 발굴지가 있어서 고고학자들은 그것으로 과거의 단편을 엿볼 수 있을 뿐이었다. 옛 도시에 대해 알려진 것이라고는 그저 알렉산드리아를 오색찬란하게 묘사하며 이 도시에 열광한 고대 저자들이 쓴 글에서 나온 내용뿐이었다.

몇 년 전에 고디오는 몇몇 학자들이 도시의 사라진 일부가 남아 있을 만한 장소를 추정하는 매혹적인 이론을 접했다. 예를 들어 전설적인 항구가 그러했

다. 항구의 위치를 대략 알았지만 도시에 서 있었을 궁전들은 어디에 있단 말인가? 이 모든 것을 바다가 삼킨 듯 보였다. 해안 가까이에 있던 다른 도시들 역시 더는 존재하지 않는다는 점도 주목을 끌었다. 아주 오래전 사나운 쓰나미가 이곳에 몰아쳤을까? 전 지역이 거대한 해일에 휩쓸렸을까? 어쩌면 해마다 몬순 장마가 야기하는 나일강의 범람이나 에티오피아 고원지대에서 녹은 눈이 원인일 수도 있었다. 혹시 고대 도시의 일부가 이집트의 지중해 해안 앞 바다에 가라앉아 있지는 않을까? 고디오의 큰 꿈은 이 전설에 싸인 도시의 역사를 발견하고 이곳에서 정말 무슨 일이 일어났는지를 규명하는 것이었다. 그래서 이곳에 온 그는 4년 전부터 매년 봄마다 잠수와 전설적 도시의 발견이라는 두 가지 사안을 열정적으로 다시 연결하고 있었다.

물은 혼탁했다. 작업자들 가운데 누구도 이곳 15미터 깊이에서 시야를 앗아가는 것이 무엇인지에 대해 별로 생각하고 싶어 하지 않았다. 멀지 않은 곳에서 300만 인구의 대도시에서 사용한 하수가 바다로 흘러들었다. 물 표면에 비치는 햇빛은 수면 아래에서는 전혀 알아차릴 수 없을 정도였다. 시야는 20센티미터를 넘지 않았다. 태양이 수면을 따뜻하게 데울수록 육안으로 보이지 않는 작은 해초들이 생겨나 시계를 더욱 나쁘게 했다. 잠수부들은 눈 대신 손에 의존해야 했다.

고디오와 그의 팀은 여러 분야의 전문가로 구성되어 있었고 음향 측심기를 비롯해 매우 특별한 측량도구들을 갖추고 있었다. 또한 매우 현대적인 장비들도 여러 종류 있었다. 예를 들어 지도 제작을 위한 GPS와 오로지 고디오의 목표를 위해 프랑스 핵에너지 위원회에서 개발한 핵자기 공명기도 있었다. 프랑스 해군의 잠수함 역시 비슷한 기구를 갖고 작업했다. 이것은 해저면의 전자

알렉산드리아의 건설

이집트의 전설에 싸인 도시의 건설자는 다름 아닌 마케도니아의 왕이자 이집트의 파라오이고 모든 시대를 통틀어 가장 위대한 최고 지휘관인 알렉산드로스 대왕(기원전 356-323)이었다. 영리한 그는 새로 건설할 수도의 위치를 전략적으로 골랐다. 만에 항구를 만들어 배들이 전 지중해에서 들어올 수 있게 했다. 나일강은 내륙으로의 연락을 보장했다. 알렉산드로스 대왕은 재임 기간 동안 70곳이 넘는 도시를 건설했는데, 알렉산드리아는 그 가운데 가장 중요한 도시였다.

사진을 찍는 데 도움이 됐다. 나중에 이 사진을 보면 마치 강한 측면 조명을 받은 듯했다. 아무리 작은 융기라도 모두 알아볼 수 있었으며 운이 좋으면 무엇인지 해독할 수도 있었다.

그렇다면 그들은 정확히 어디에 있는가? 왜 이 프랑스인은 하필이면 알렉산드리아를 탐색하려 했는가?

알렉산드리아는 매혹적인 곳이다. 오늘날도 그렇고 2천 년 전에도 그랬다. 기원전 331년 창건된 이래 알렉산드리아는 대단히 짧은 시일 내에 세계에서 가장 크고 중요한 도시로 발전했다. 당시 전 제국에서 사람들이 이 지중해의 도시로 몰려들었다. 출신과 피부색, 종교는 아무래도 좋았다. 그들은 이곳에서 함께 평화롭게 살았다. '대왕'이라 불리는 것이 당연한 이 도시의 창건자이자 이 도시에 이름을 부여한 알렉산드로스의 희망에 따라 시구로 분리되어 있긴 했지만 말이다. 고대 세계의 주민 누구라도 이 도시의 이름을 들으면 열광에 빠졌다. 알렉산드리아는 아주 특별한 아우라가 에워싸고 있었기 때문이다. 다른 어떤 도시도 이집트의 이 대도시에 필적하지 못했다. 로마나 아테네가 아니라 인구 수백만의 도시 알렉산드리아가 이 시대에 전체 지중해권의 문화적 중심지였다. 그 덕에 사방팔방에서, 그리고 여러 나라에서 다채로운 영향을 받아 생동감 넘치고 비길 데 없이 뛰어난 도시가 되었다. 예를 들어 수많은 두루마리 책이 있는 알렉산드리아의 도서관은 그 시대의 교양을 다루는 가장 큰 요람이었고, 알려진 세계의 모든 언어와 지식이 이곳에 한데 모여 있었다. 중요한 새 문서를 항시 도서관에 갖춰놓기 위해, 항구에 입항하는 모든 선장들은 배에 싣고 온 모든 두루마리 문서들을 내어놓을 의무가 있었다. 그러면 도서관은 그 문서들을 베껴 소장했다.

또한 박물관은 도처에서 온 가장 유명한 예술가와 가장 위대한 학자들이 만나는 곳으로, 알렉산드리아에서 예술과 학문이 평가되고 존중된다는 것을 보여주었다. 박물관 덕분에 전 세계에서 최고의 사람들과 가장 똑똑한 사람들이 대도시로 몰려들었고, 그들은 여기서 서로 좋은 관계를 맺었다.

전설에 싸인 이집트의 마지막 여왕 클레오파트라가 알렉산드리아에 살면서 통치했는데, 영리함과 아름다움으로 로마의 권력자들을 마음대로 주물렀다. 게다가 이 도시에는 더욱더 비범하며 진정 놀라운 '기적'이 존재했다. 바로 빛을 내는 탑이었다. 등대는 도시의 근사한 항구 바로 옆에 세워져 있어 바다로부터 오는 선원들에게 길을 알려주었다. 이 최초의 등대는 기원전 3세기의 것으로 당시 세계에서 가장 높은 건축물이었다.

수중고고학자 고디오에게 고대의 알렉산드리아는 몰락한 도시가 아니라 생생한 현장이었다! 이 현장에서 일어나는 일을 그는 무조건 세상에 알리고 싶었다.

그가 잊힌 물건들을 찾아 잠수를 하면 그 순간 설명하기 어려운 방식으로 시간이 정지한 듯했다.

클레오파트라는 일찍이 알렉산드리아에서 약 40년 동안 살았고 여기서 20년 동안 여왕으로서 제국을 통치했다. 기원전 30년, 마침내 이집트는 로마 제국에 정복당했고, 이로써 그리스 프톨레마이오스 왕가의 영광스러운 시대는 종말을 맞았다.

이 유명한 등대는 알렉산드리아 앞 파로스라는 섬에 있었다. 고대에 건축된 모든 다른 등대들은 그 이름을 따서 파로스라는 이름을 얻었다. 이 등대는 훗날 세계의 기적으로 선언되었다.

프랑크 고디오는 어렸을 때부터 바다를 사랑했다. 이 열정은 할아버지인 에릭 드 비숍으로부터 물려받았다. 할아버지는 유명한 선원이자 남태평양 탐사자로 프랑크가 열 살 때 배가 난파하여 익사했다. 바다와 모험이 아무리 관심을 끈다 할지라도 할아버지의 비극적 종말을 아는 프랑크는 더 견실한 직업을 선택할 수 있는 길로 들어섰다. 그는 학교를 마친 뒤 통계학과 수학을 공부하기로 결정했고 경제 자문가로서 일하기 시작했다.

여러 해가 지나는 동안 고디오는 세계적으로 유명한 금융 전문가로 성공했으나 결국 자신의 인생을 바꿀 인식에 도달했다. 사람은 자신의 꿈을 실현한 다음에만 행복할 수 있다는 인식이었다. 그의 꿈은 정말로 금융 전문가가 되는 것이었나? 아니, 전혀 아니었다. 모험심이 강했던 할아버지의 모습을 거듭해서 떠올리며 그는 자신의 인생을 다시 한번 근본적으로 뒤집기로 했다. 금융 상담은 이제 다른 사람들에게 맡기고 자신은 수중고고학자가 되기로 결심했다!

그리고 보라. 그는 수중고고학자로서도 승승장구했다. 아직은 서투른 잠수 솜씨로 한 동료 곁에서 고고학적 탐사를 하는 동안 그는 아부키르만에 가라앉은 나폴레옹의 배를 조사하면서 배의 키에 새겨진 글귀를 발견했다. '도팽 로얄'[I]이라는 이름이 장중한 글씨체로 새겨져 있었다. 고디오는 물속에서 이룩한 첫 번째 고고학적 발견을 기뻐하며 이 발견을 자신이 올바른 길로 가고 있다는 신호로 받아들였다. 실제로 그는 이후 몇 해 동안 바다에 숨어 있던 수많은 보물과 침몰한 배들을 발견했다. 이 배들은 대부분 귀중한 물건을 싣고 있었다.

I   도팽은 1350년에서부터 1791년, 그리고 1824년부터 1830년까지 프랑스의 왕위 계승자에게 붙이던 칭호로, 도팽 로얄은 이 프랑스의 왕태자를 기념하기 위해 프랑스 해군이 군함에 붙인 이름이다.

수중고고학은 육지에서의 고고학과 비교해볼 때 대단히 젊은 학문이다. 전에는 우연히 발견한 배의 발굴물들이 그저 약탈당하는 경우가 많았으나 1950년대부터 학자들이 역사적 잔해들에 관심을 갖기 시작했다.

알렉산드리아 항구에서 실시한 작업도 성공을 거뒀다. 4년간 그들은 6.5미터 깊이에 지나지 않는 해저에서 과거를 증명할 만한 증거들을 무수히 발견했고, 펼친 책처럼 해저면을 읽을 수 있게 됐다. 그들은 기둥이 늘어선 으리으리한 홀과 성벽의 잔해, 대규모 궁전의 기초와 잔해, 항아리의 일부와 조각상, 암포라,[I] 도자기 파편, 난파선, 동전 등 많은 것을 발견했다.

물속 출정의 첫 번째 목표는 항구의 자세한 지도를 그리는 것이었다. 진창 바닥의 지면 위에 솟은 작은 융기들을 전부 기록한 결과, 어디에 성벽이 서 있었을지 정확히 알 수 있었다. 그 지도는 시작한 지 4년 만에 거의 완성되었고, 과거에 대한 고고학자들의 질문은 그 이후 조금 달라졌다. 여기서 정확히 무슨 일이 일어났을까?

다시 한번 물속 탐사가 이루어졌다. 탐사대원들은 이번에도 탁한 물에 놀라지 않았고 바닥을 덮고 있는 수 미터 두께의 해초 층도 개의치 않았다. 물론 중요한 것과 중요하지 않은 것을 구별하기 위해 해초를 전부 힘들게 제거해야 했다. 그렇지만 그런 수고는 이번에도 보상을 받았다. 고디오와 팀원들은 고대 알렉산드리아의 또 다른 유물들을 발견했다. 수면 아래서 서쪽으로 쓰러진 기둥들까지 포함해 수많은 기둥들은 결정적인 시사를 제공했다. 이곳에 꽤 괜찮은 건물이 서 있었던 것으로 보였다. 그러나 기둥들의 위치가 이상했다. 마치 상자 속의 시가처럼 깔끔하게 줄 지어 놓여 있었다. 기이한 광경이었다. 우연일까?

I   고대 그리스 로마의 양 손잡이가 달린 단지.

아니면 카드로 만든 집처럼 건물을 쓰러뜨린 지진 같은 불행한 사태가 있었음을 암시하는 걸까?

고디오는 육지에서 연구하는 동료들과 의견을 교환하다가 의미 있는 유사성을 발견했다. 시 구역 내 몇 안 되는 발굴지 가운데 한 곳에서 책임을 맡고 있는 고고학자가 흥미로운 발견을 한 것이다. 고대 극장 터 한가운데에 약 1,300년 된 거

프랑크 고디오

1947년 출생
수중고고학자, 해양고고학 연구소(IEASM) 설립자, 선도적인 수중고고학자, 알렉산드리아 고대 궁전의 발견자

수학과 통계학을 전공한 고디오는 금융상담가로 일하다가 수중고고학자가 되었다. 해저에서 그는 다국적 팀과 함께 열네 척 이상의 배를 발견했다. 가장 중요한 발견이 바로 알렉산드리아 왕궁의 일부와 고대 도시들인 헤라클리온과 카노푸스다.

대한 묘지가 숨어 있었다. 이런 장소를 묘지로 골랐다니 놀라웠다. 학자는 그 이유를 이렇게 설명했다.

"중세 초기에 갑작스러운 불행이 닥쳐 수많은 사람이 죽었고, 그 때문에 당장 매장지가 필요했을 것입니다."

똑바로 서 있는 건물들의 벽에서는 거대한 화재의 흔적을 발견했다. 그의 인식은 고디오의 인식과 함께하고서야 비로소 일치되는 그림을 낳았다.

항구의 바닥에서 고디오는 항구 분지 전체를 가로지르는 깊은 틈을 발견했다. 그와 동료들은 그 틈이 지진의 충격이 남긴 흔적으로 보인다고 생각했다. 고대 저자들의 글을 찾아보면 여기서 실제로 끔찍한 재앙, 지진과 쓰나미가 일어났다고 적혀 있다. 해일 때문에 먼 육지까지 내동댕이쳐져 건물 지붕 위로 착륙한 배와 더불어 공포와 불안, 경악이 언급되어 있다. 분명 흰 종이에 검은 글씨로 그렇게 쓰여 있는데도 누군가 증거를 제공하고서야 비로소 사람들은 이

재앙을 믿었다. 바로 그 일을 고디오가 한 것이다. 한 고고학자가 인구 100만이 넘는 도시 알렉산드리아의 역사를 이제까지 한 번도 고찰되지 않은 측면에서 처음으로 재구성했다.

남은 이야기

프랑크 고디오는 센세이션을 일으킨 수중 연구로 자신이 오랫동안 품었던 꿈을 실현했을 뿐 아니라 텔레비전 보도와 전시로, 몰락한 세계를 살펴볼 기회를 제공해 우리도 이 꿈에 참여하게 만들었다.

수중고고학의 가장 유명한 개척자인 그는 자신이 창립한 '유럽 해양 고고학 연구소(IEASM)'의 팀과 함께 오늘날까지 과거의 전설적인 장소를 세상에 알리고 연구하기 위해 이 세계의 물속으로 잠수해서 탐사한다. 1996년에는 알렉산드리아 앞에서 건물의 잔해를 발견했는데, 그는 이것을 클레오파트라 궁전이라고 추정한다.

고디오는 이 도시가 수백 년이 지나면서 여러 번 파괴되었고 그 원인이 지진이나 쓰나미, 혹은 나일강 홍수였으리라는 사실을 증명했다. 이로써 그는 알렉산드리아가 지금까지의 생각과는 달리 지진 위험 지역으로 분류되어야 한다는 데 대한 고고학적 증거를 제공했다.

알렉산드리아 앞바다 속에 잠긴 조각상.

발견자들의 저서

여기 소개된 원전들에서 발견자들은 자신들의 발굴기와 여행기를 직접 이야기했다. 현대 판본을 구할 수 있거나 온라인에서 읽을 수 있는 한에서 적어놓는다. 그 이상의 문헌은 이어서 소개한다.

고디오, 프랑크Goddio, Franck: 『이집트의 가라앉은 보물들*Ägyptens versunkene Schätze*』, 베를린 전시 카탈로그, Prestel Verlag, München 2006
『가라앉은 보물들 — 물속의 고고학적 발견*Versunkene Schätze – Archäologische Entdeckungen unter Wasser*』, Konrad Theiss Ver-lag, Stuttgart 2005

고디오, 프랑크Goddio, Franck / 마이어 비앙키, 마리안네Meyer Bianchi, Marianne: 『세계 7대양의 보물을 찾아서*Auf Schatzsuche in den Sieben Weltmeeren*』, Prestel Verlag, München 2006

로헤벤, 야코프Roggeveen, Jacob: 『세 척의 돛단배로 2년간 세계 여행*Twee jahrige reyze rondom de wereld met drie scheper*』 (1721) door last v.d. Nederl. Westind. Maatschappen. Dortrecht 1728

무오, 앙리Mouhot, Henri: 『시암, 캄보디아, 라오스, 안남 여행*Travels in Siam, Cambodia, Laos, and Annam, Singapore*』, 1889 (신간, 원본은 1868년에 출간되었다.)

벨초니, 조반니 바티스타Belzoni, Giovanni Battista:『이집트와 누비아에서 피라미드와 신전, 발굴에서의 작업과 최근 발견에 관한 이야기*Narrative of the Operations and Recent Discoveries within the Pyramids, Temples, and Excavation, in Egypt and Nubia*』(www.archive.org에서 1820년 원본의 온라인 버전을 읽을 수 있다).

부르크하르트, 요한 루트비히Burckhardt, Johann Ludwig:
　—『시리아, 팔레스타인, 시나이 산악지대 여행*Reisen in Sy-rien, Palästina und der Gegend des Berges Sinai*』, (1-2부), (1823/24년 원본의 온라인 버전은 auf www. literature.at에 있다.)
　—『베두인과 와하브파에 대하여*Bemerkungen über die Beduinen und Wahaby. Fines Mundi GmbH, Saarbrücken*』, 2013 (여러 번 새로 출간되었고, 1830년 원본은 저자 사후 영어로 출판되었다.)
　—『성지를 지나 페트라와 시나이반도를 향해*Durchs Heilige Land nach Petra und zur Halbinsel des Berges Sinai*』, 우베 풀만Uwe Pfullmann 편, Trafo Wissenschaftsverlag, Berlin 2010 (여러 번 새로 출간되었다.)

빙엄, 하이럼Bingham, Hiram:『잉카의 땅. 페루 고지 탐험*Inca Land. Explorations in the Highlands of Peru*』(www.archive.org에서 1922년 원본의 온라인 버전을 읽을 수 있다.) 우리나라에는『잉카의 땅』(도서출판 아진, 2009)으로 출간되었다.

빙켈만, 요한 요아힘Winckelmann, Johann Joachim: 빙켈만 전집 2권 1부『헤르쿨라네움 발견에 대한 서한*Sendschreiben von den Herculanischen Entdeckungen*』, Verlag Philipp von Zabern, Mainz 1997 (원본은 1738년에 출간되었다.)

슐리만, 조피Schliemann, Sophie:『하인리히 슐리만 자서전. 죽음에 이르기까지*Heinrich Schliemann's Selbstbiographie. Bis zu seinem Tode vervollstän-digt*』(원본은 1892년에 출간되었고, 여러 쇄를 찍었다.)

슐리만, 하인리히Schliemann, Heinrich:
　—『이타카, 펠로폰네소스, 트로이*Ithaka, der Peloponnes und Troja*』(원본은 1869

년에 출간되었고 이후 여러 번 새로 출간되었다.)

—『트로이 발굴 1871–1873년*Bericht über die Ausgrabungen in Troja in den Jahren 1871–1873*』(여러 번 새로 출간되었다.)

—『트로이 발굴 1890년*Bericht über die Ausgrabungen in Troja im Jahre 1890*』(여러 번 새로 출간되었다.)

—『내 인생의 모험: 하인리히 슐리만이 말하다 *Abenteuer meines Lebens. Heinrich Schliemann erzählt* (mehrmals neu aufgelegt)』 우리나라에는 『하인리히 슐리만 자서전』(일빛, 2004/『고대에 대한 열정』, 일빛, 1997 재출간)과 『트로이의 부활』 (넥서스, 1997)로 소개되었다.

스티븐스, 존 로이드Stephens, John Lloyd:

—『중앙아메리카, 치아파스, 유카탄 여행*Reiseerlebnisse in Centralamerika, Chiapas und Yucatan: Mit Karten, Plänen und zahlreichen, teils farbigen Illustrationen von Frederick Catherwood*』, Verlag der Pioniere, Berlin 2014 (원본은 1841년에 출간되었다.)

—『고대 마야 소재지의 발견. 원시림이 비밀을 넘겨주다*Die Entdeckung der alten Mayastätten: Ein Urwald gibt seine Geheimnisse preis*』, Edition Erdmann, Lenningen 1993 (새로 출간된 판본이다.)

에번스, 아서Evans, Arthur: 『미노스의 궁전*The Palace of Minos: a comparative account of the successive stages of the early Cretan civilization as illustrated by the discoveries at Knossos*』(1921–1935) (온라인 버전은 하이델베르크 대학교의 디지털 도서관에서 읽을 수 있다. http://digi.ub.uni-heidelberg.de/diglit/evans-1921ga)

챈들러, 리처드Chandler, Richard: 『소아시아와 그리스 여행*Travels in Asia Minor, and Greece*』 2권 (1817년 판의 온라인 버전은 www.archive.org에서 읽을 수 있다.)

카터, 하워드Carter, Howard:

—『투탕카멘. 카나본 백작과 하워드 카터가 발견한 이집트 왕의 무덤*Tut-ench-Amun, ein ägypti-sches Königsgrab, entdeckt von Earl of Carnarvon und*

Howard Carter』3권, F. A. Brockhaus, Leipzig 1924-1934 (원본은 여러 번 새로 출간되었다.)

─『투탕카멘의 무덤*Das Grab des Tut-ench-Amun*』3권, F. A. Brockhaus, Leipzig 1980 (4쇄, 원본은 1923~1933년에 출간되었다.). 우리나라에서는 3권을 정리 축약한 『투탕카멘의 무덤』(해냄, 2004)으로 소개되었다.

콜데바이, 로베르트Koldewey, Robert: 『다시 일어선 바빌론*Das wieder erstehende Babylon*』 (1913년 2쇄의 온라인 버전은 www.archive.org에 있다.)

플린더스, 페트리, 윌리엄 매슈Flinders, Petrie, William Matthew: 『고고학 70년*Seventy Years in Archaeology*』, 2003 (원본은 1930년에 출간되었다.)

피오렐리, 주세페Fiorelli, Giuseppe: 『폼페이의 묘사(폼페이 이야기)*Descrizione di Pompeii*』, Facsimile Publisher, London 2012 (원본은 1875년에 출간되었다.)

헤위에르달, 토르Heyerdahl, Thor:
─『콘티키, 태평양을 뗏목으로 건너다*Kon-Tiki. Ein Floß treibt über den Pazifik*』, List, Berlin 2013 (원본은 1949년에 출간되었다.) 우리나라에는 소르 헤이에르달 『콘 티키』(한길사, 1995, 현재 절판)로 소개되었다.
─『바다를 건너는 길. 초기의 민족이동*Wege übers Meer-Völkerwanderung in der Frühzeit*』 (원본은 1978년에 출간되었고 신판으로 여러 번 새로 출간되었다.)
『아쿠아쿠, 이스터 섬의 비밀*Aku-Aku – Das Geheimnis der Osterinsel*』 (여러 번 새로 출간되었고, 1958년도 원본은 auf www.archive.org에서 볼 수 있다.)
─『이스터 섬의 예술. 비밀과 수수께끼*Die Kunst der Osterinsel – Geheimnisse und Rätsel*』, C. Bertelsmann, München, Gütersloh, 1975

참고문헌(2차 문헌)

§ 1장 §

달트로프, 게오르크Daltrop, Georg: 『바티칸의 라오콘 군상*Die Laokoongruppe im
　　　*Vatikan. Ein Kapitel aus der römischen Museumsgeschichte und der Antiken-
　　　Erkundung*』, Universitätsverlag, Konstanz 1982

안드레아에, 베르나르트Andreae, Bernard: 『플리니우스와 라오콘*Plinius und der
　　　Laokoon*』, Verlag Philipp von Zabern, Mainz 1987

지히터만, 헬무트Sichtermann, Hellmut: 『라오콘*Laokoon*』, Dorn 1957

§ 2장 §

가이젤러, 빌헬름Geiseler: 『이스터섬*Wilhelm Die Oster-Insel – Eine Stätte prähistorischer
　　　Kultur in der Südsee. E. S.*』, Mittler und Sohn, Berlin 1883

메트로, 알프레트Métraux, Alfred: 『이스터섬*Die Osterinsel*』, Campus Verlag, Frankfurt
　　　am Main 1989

미트, 안드레아스 / 보르크, 한스-루돌프Mieth, Andreas/Bork, Hans-Rudolf: 『이스터섬
　　　Osterinsel: Auf Tour』, Spektrum Akademischer Verlag, Heidelberg 2012

에젠 바우어, 하이데 마르가레트 외Esen-Baur, Heide-Margaret u.a.: 『이스터섬의 1500
　　　년 문화*1500 Jahre Kultur der Osterinsel – Schätze aus dem Land des Hotu-
　　　Matua*』, Ausstellungskatalog. Verlag Philipp von Zabern, Darmstadt 1989

§ 3장 §

진, 울리히Sinn, Ulrich: 『고대 올림피아. 신과 게임과 예술*Das antike Olympia – Götter,
　　　Spiel und Kunst*』 (여러 번 새로 출간되었다.)

§ 4장 §

린드너, 만프레트Lindner, Manfred: 『페트라와 나바테아 왕국*Petra und das Königreich
　　der Nabatäer』 (여러 번 새로 출간되었다.)

볼만, 테레제Wollmann, Therese: 『샤이히 이브라힘. 요한 루트비히 부르카르트의 여
　　행 1784‒1817*Scheich Ibrahim: Die Rei-sen des Johann Ludwig Burckhardt
　　1784–1817*』, Historisches Museum, Basel 1984

§ 5장 §

노먼, 브루스Norman, Bruce: 『발자국. 낭만과 발견의 고고학적 여행 9가지*Footsteps –
　　Nine Archaeological Journeys of Romance and Discovery*』, BBC Books,
　　London 1988

조이페르트, 카를 롤프Seufert, Karl Rolf: 『아프리카 모험*Abenteuer Afrika – Forscher,
　　Reisende, Abenteurer*』, Herder, Wien 1982

§ 6장 §

로빈슨, 앤드류Robinson, Andrew: 『상형문자 암호는 어떻게 풀렸나. 장 프랑수아 샹폴리옹
　　의 혁명적인 삶*Wie der Hieroglyphen-Code geknackt wurde: Das revolutionäre
　　Leben des Jean-François Champollion*』, Verlag Philipp von Zabern, Darmstadt
　　2014

애드킨스, 레슬리/애드킨스, 로이Adkins, Lesley/Adkins, Roy: 『파라오의 암호. 이집트 상
　　형문자 해독을 둘러싼 극적인 경주*Der Code der Pharaonen. Der dramatische
　　Wettlauf um die Entzifferung der ägyptischen Hieroglyphen*』, TOSA Verlag,
　　Wien 2006. 우리나라에서는 『문자를 향한 열정』(민음사, 2012)으로 소개되었다.

§ 7장 §

폰 하겐, 빅토르W. von Hagen, Victor W.: 『마야를 찾아서. 스티븐스와 캐서우드의 이야
　　기*Auf der Suche nach den Maya. Die Geschichte von Stephens und Cather-
　　wood*』, Rowohlt, Reinbek 1981

§ 8장 §

딤트, 하이데린데Dimt, Heidelinde: 『자취를 쫓는 사람. 요한 게오르크 람자우어 탄생 200
주년 기념 전시 카탈로그*Der Spurensucher. Zum 200 Geburtstag von Johann
Georg Ramsauer*』, Ausstellungskatalog. Linz 1996 (2. Aufl.)

호드슨, 프랭크 로이Hodson, Frank Roy: 『할슈타트. 람자우어의 무덤들*Hallstatt: The
Ramsauer Graves*』, Dr. Rudolf Habelt Verlag, Bonn 1990

§ 9장 §

라이네케, 안드레아스/트조아-보나츠, 마이 린(편)Reinecke, Andreas, Tjoa-Bonatz, Mai
Lin (Hrsg.): 『앙코르의 그늘에서*Im Schatten von Angkor*』, Verlag Philipp von
Zabern, Darmstadt 2015

마테올리, 프란시스카Mattéoli, Francisca: 『지도. 신화와 이야기*Karten: Mythen &
Geschichten*』, Prestel, München 2016

§ 10장 §

두이어, 유진Dwyer, Eugene J.: 『폼페이의 살아 있는 조각상들*Pompeii's living statues*』,
University of Michigan Press, Ann Arbor 2010

빙켈만, 요한 요아힘Winckelmann, Johann Joachim: 『로마에서 보낸 편지*Briefe aus Rom*』,
마르틴 디젤캄프Martin Disselkamp 편. Dieterich'sche Verlagsbuchhandlung,
Mainz 1997

§ 11장 §

비테, 라인하르트Witte, Reinhard: 『하인리히 슐리만. 트로이를 찾아서*Heinrich
Schliemann – Auf der Suche nach Troja*』, Frederking & Thaler, München 2013

§ 12장 §

독일 박물관: 『알타미라. 석기시대 동굴 벽화*Altamira: Höhlenmalerei der Steinzeit*』,
Deutsches Museum, München 1995

보진스키, 게르하르트/뷔스트, 카트린 외(편)Bosinski, Gerhard/Wüst, Kathrin u.a. (Hrsg.):
『알타미라*Altamira*』, Jan Thorbecke Verlag, Stuttgart 1998

§ 13장 §

드라우어, 마거릿Drower, Margaret:

『플린더스 페트리. 고고학의 삶Flinders Petrie – A Life in Archaeology』,
University of Wisconsin Press, Madison 1995

『사막에서 온 편지들Letters from the desert – 플린더스와 힐다 페트리가 교환
한 편지들The Correspondance of Flinders and Hilda Petrie』, Aris & Phillips,
Oxford 2004

빈첸, 마티아스 외(편)Winzen, Matthias u.a.(Hrsg.): 『피라미드 내부. 19세기 고대 이집트
의 발견Die Pyramide von innen. Die Entdeckung des Alten Ägypten im 19.
Jahrhundert』, 바덴바덴 전시 카탈로그, Snoeck Verlagsgesellschaft, Köln 2010

§ 14장 §

브라운, 앤 신시아Brown, Ann Cynthia: 『아서 에번스와 미노스 궁전Arthur Evans and
the Palace of Minos』, Ashmolean Museum Publica—tions, Oxford 1983 (개정판)

§ 15장 §

바르트케, 랄프-B.(편)Wartke, Ralf-B.(Hrsg.): 『바빌론으로 가는 길. 로베르트 콜데
바이, 고고학자의 삶Auf dem Weg nach Babylon. Robert Koldewey, ein
Archäologenleben』, Verlag Philipp von Zabern, Mainz 2008

§ 16장 §

데 카스트로, 이네스(편)de Castro, Inés (Hrsg.): 『잉카. 안데스의 왕들Inka: Könige der
Anden』, 전시 카탈로그, Verlag Philipp von Zabern, Darmstadt 2013

리제, 베르톨트Riese, Berthold: 『마추픽추. 잉카의 신비한 도시Machu Picchu. Die
geheimnisvolle Stadt der Inka』, C.H. Beck, München 2012 (2. Aufl.)

빙엄, 알프레드Bingham, Alfred M.: 『탐험가의 초상. 마추픽추의 발견자 하이럼 빙엄
Portrait of an Explorer: Hiram Bingham, Discoverer of Machu Picchu』, Iowa
State University Press, Ames, Iowa 1989

§ 17장 §

카나본, 피오나Carnarvon, Fiona: 『카나본과 카터. 투탕카멘의 무덤을 발견한 두 영국인 이
　　　야기*Carnarvon & Carter. The Story of the two Englishmen who discovered the
　　　Tomb of Tutankhamun*』, Highclere Enterprises LLP, Berkshire 2007

하와스, 자히Hawass, Zahi: 『투탕카멘의 자취를 찾아서*Auf den Spuren Tutanchamuns*』,
　　　Konrad Theiss Verlag, Stuttgart 2015

§ 18장 §

크밤, 라그나르Kvam, Ragnar: 『헤위에르달. 탐험가의 명성을 위해 뗏목을 타고
　　　Heyerdahl. Auf dem Floß zum Forscherruhm』, mareverlag, Hamburg 2012

§ 19장 §

아이젠만, 로베르트/비제, 미하엘Eisenman, Robert/Wise, Michael: 『예수와 원시 기
　　　독교도. 쿰란 두루마리를 풀다*Jesus und die Urchristen. Die Qumranrollen
　　　entschlüsselt*』, Seehamer, München 1997

크세라비츠, 게자Xeravits, Géza G./포르치히, 페터 Porzig, Peter: 『쿰란 문헌 입문
　　　Einführung in die Qumranliteratur』, Verlag Walter de Gruyter, Berlin 2015

§ 20장 §

블랜스도르프, 카타리나 외Blänsdorf, Catharina u.a.: 『최초의 중국황제 진시황의 테라코
　　　타 군대*Die Terrakottaarmee des ersten chinesischen Kaisers Qin Shihuang*』,
　　　Bayerisches Landesamt für Denkmalpflege, München 2001

카유티나, 마리아/신 베른 박물관(편)Khayutina, Maria/Neues Bernisches Museum (Hrsg.):
　　　『진나라 – 불멸의 황제와 테라코타 전사들*Qin – Der unsterbliche Kaiser und
　　　seine Terrakottakrieger*』, Neue Zürcher Zeitung NZZ Libro, Zürich 2013

레더로제, 로타르/숄롬브스, 아델레Ledderose, Lothar/Schlombs, Adele: 『거대한 장벽의
　　　저편. 중국 최초의 황제와 그의 테라코타 군대*Jenseits der großen Mauer. Der
　　　erste Kaiser von China und seine Terrakotta-Armee*』, 도르트문트 전시 카탈로
　　　그, Bertelsmann Lexikon Verlag, Gütersloh 1990

고고학 역사에 대한 일반 저서

듀엘, 레오Deuel, Leo: 『고고학 모험. 근동의 유명한 발굴*Das Abenteuer Archäologie. Berühmte Ausgrabungsberichte aus dem Nahen Osten*』. C. H. Beck, München 1963

로틀로프, 안드레아Rottloff, Andrea: 『유명한 고고학자들*Die berühmten Archäologen*』, Verlag Philipp von Zabern, Mainz 2009

슈납, 알랭Schnapp, Alain: 『과거의 발견. 고고학의 기원과 모험*Die Entdeckung der Vergangenheit. Ursprünge und Abenteuer der Archäologie*』, Klett Cotta, Stuttgart 2009

페이건, 브라이언(편)Fagan, Brian(Hrsg.): 『가라앉은 문명의 흔적을 찾아. 위대한 고고학자들*Auf den Spuren versunkener Kulturen. Die großen Archäologen*』, Parthas Verlag, Berlin 2014. 우리나라에 소개된 페이건의 고고학 관련 책으로는 『페이건 교수가 스케치한 고고학 풍경 29가지』, (일빛, 1997)/『고고학 과거로 들어가는 문』, (일빛, 1998)/『고고학 세계로의 초대』, (사회평론, 2002)가 있다.

폴라드, 저스틴Pollard, Justin: 『고고학사에서 중요한 발견 50가지*Die Geschichte der Archäologie in 50 bedeutenden Entdeckungen*』, National Geographic, Hamburg 2009

핑크, 홈베르트Fink, Humbert: 『위대한 고고학자들의 자취를 찾아*Auf den Spuren großer Archäologen*』, List, Berlin 1982

그 밖에 읽으면 좋을 책

닐센, 마야Nielsen, Maja: 『투탕카멘. 잊힌 왕의 무덤*Tutchanamun. Das vergessene Königsgrab. Aus der Reihe Abenteuer! Maja Nielsen erzählt*』, Gerstenberg Verlag, Hildesheim 2014 (2. Aufl.). 1922년 하워드 카터는 파라오 투탕카멘의 묘로 들어가는 입구를 발견했다. 이 책은 카터의 왕가의 계곡 탐색을 흥미진진하게 기술하고 있는데 여기에 고고학자 에드거 푸시 박사Dr. Edgar Pusch의 현대 이집트 발굴 작업에 대한 보고들이 서술을 보충한다.

브록하우스 고고학Der Brockhaus Archäologie: 『고도 문명, 발굴지, 발굴물*Hochkulturen, Grabungsstätten, Funde*』, Wissenmedia, Gütersloh 2008. 고서점에서만 구할 수 있다. 이 사전은 3,800개의 표제어로 고도 문명과 발굴지, 발굴물, 저서와 개념에 대한 심원한 지식을 제공하며 중요한 예술가와 고고학자들을 다룬다. 약 570장의 사진과 그림, 80개의 고고학적 장소의 위치도도 수록되어 있다.

체람, C. W.Ceram, C. W./마레크, 한네로레 Marek, Hannelore: 『신, 무덤, 학자들. 고고학 소설*Götter, Gräber und Gelehrte. Roman der Archäologie*』, Rowohlt Taschenbuch Verlag, Hamburg 2009 (3쇄). 가라앉은 도시, 전설에 싸인 보물, 수수께끼 문자들. 세람은 고고학 역사를 흥미롭게 알려주며 많은 정보를 준다. 이 책은 세계적으로 성공을 거둔 독일어권 지식 책으로 진정한 고전이다. 우리나라에는 『낭만적 고고학 산책』, (대원사, 2002, 개정판), 『낭만적 고고학 산책』, (21세기북스, 2009)으로 소개되었다.

코른, 볼프강Korn, Wolfgang:

『고대 이집트, 나일 강변의 신비한 나라Das alte Ägypten. Geheimnisvolles Land am Nil』, Aus der Reihe Lesen-Staunen-Wissen, Gerstenberg Verlag, Hildesheim 2010. 이 책은 매혹적인 이집트를 생생하게 다룬다. 이집트 학자와 발굴자들의 삽화, 사진, 지도, 상세한 주해와 의견이 실려 있다.

『고고학 고전 50가지. 가장 중요한 출토지와 발굴지50 Klassiker Archäologie. Die wichtigsten Fundorte und Ausgrabungsstätten』, Aus der Reihe 50 Klassiker, Gerstenberg Verlag, Hildesheim 2003. 50가지 주요 고고학적 소재지를 소개한다. 흥미진진한 짧은 에세이와 정보, 300점의 채색 그림과 예술과 영화, 일상문화에 대한 많은 내용이 담겨 있다.

『과거의 탐정들. 고고학 세계로의 탐험Detektive der Vergangenheit. Expeditionen in die Welt der Archäologie』, Bloomsbury, Berlin 2007. 고서점에서만 구할 수 있다. 이 책은 우리를 현대 고고학의 문제 제기 및 방법론과 친숙하게 해주며 매혹적인 방식으로 어떻게 역사의 보물들이 땅 밑에서 나왔는지 설명한다.

콤포인트, 슈테파니Compoint, Stefanie:『고고학 모험. 숨은 보물들을 찾아서Abenteuer Archäologie. Auf den Spuren verborgener Schätze』, Knesebeck Verlag, München 2011. 이 책은 미래의 학자들에게 고고학의 흥미진진한 작업을 포괄적으로 전해준다. 이 세상의 숨은 보물들을 찾아서 그들은 잠수를 하고 발굴을 하고 또는 퍼즐 풀이를 하게 된다. 옛날 문명의 풍부함과 다양성을 증명하는 유일무이한 장소로의 흥분되는 여행이다.

박물관 정보

대영 박물관 The British Museum

영국 런던 www.britishmuseum.org

800만 점 이상의 유물을 소장하고 있는 세계적 박물관으로, 로제타석과 멤논 두상, 미라를 비롯해 이집트와 그리스의 유물을 다수 전시하고 있다.

존 손 박물관 Sir John Soane's Museum

영국 런던 www.soane.org

예술사와 건축사의 수많은 전시물을 비롯해 벨초니가 발견한 세티 1세 묘에서 나온 설화석고관을 볼 수 있다.

독일 박물관 Deutsches Museum

독일 뮌헨 www.deutsches-museum.de

스페인 알타미라 동굴 벽화의 모사를 볼 수 있다.

국립 고대 미술 박물관 Staatliche Antikensammlungen

독일 뮌헨 www.antike-am-koenigsplatz.mwn.de

그리스, 로마, 에트루리아 사람들의 삶을 생생하게 엿볼 수 있다.

베를린 국립 박물관(박물관섬) Staatliche Museen Berlin(Museumsinsel)

독일 베를린 www.smb.museum

이집트 고도 문명의 주요 예술품을 수집한 가장 중요한 박물관 중 하나다. 신(新) 박물관에는 슐리만의 트로이 수집품들이 전시되어 있고 페르가몬 박물관에서는 이슈타르의 문을 볼 수 있다.

빈 미술사 박물관 Kunsthistorisches Museum

오스트리아 빈 www.khm.at

이곳의 이집트, 오리엔트 소장품은 고대 이집트의 가장 중요한 예술품으로 꼽힌다.

할슈타트 박물관 Museum Hallstatt
오스트리아 할슈타트 www.museum-hallstatt.at
7천 년이 넘는 할슈타트 역사와 문화에 관한 모든 것과 할슈타트 묘지의 발굴물을 볼 수 있다.

리트베르크 박물관 Museum Rietberg
스위스 취리히 www.rietberg.ch
프랑크 고디오의 발굴물 250여 점을 전시하고 있다.

나폴리 고고학 박물관 Museo Archeologico Nazionale di Napoli
이탈리아 나폴리 www.museoarcheologiconapoli.it
폼페이 벽화를 비롯해 고대 폼페이에서 발견되어 훌륭히 보존된 많은 발굴물들이 있다.

바티칸 미술관 Musei Vaticani
바티칸 시국 www.museivaticani.va
세계에서 가장 중요하고 큰 박물관 중 하나로, 교황의 예술 수집품을 갖추고 있다. 라오콘 군상을 비롯해 여러 전시물이 있다.

콘티키 박물관 The Kon-Tiki Museum
노르웨이 오슬로 www.kon-tiki.no
'콘티키' 뗏목과 파피루스 보트 '라 2세'호 등 헤위에르달이 탐험에 이용했던 배와 물건들, 당시의 사진들을 전시하고 있다.

이집트 박물관 Egyptian Museum
이집트 카이로
카이로에 있는 고고학 박물관으로 투탕카멘의 무덤에서 나온 부장품을 비롯해 방대한 양의 고대 이집트의 유물을 전시하고 있다.

이스라엘 박물관 Israel Museum
이스라엘 예루살렘 www.imjnet.org.il/en
1965년 개관한 이스라엘의 국립 박물관으로, 원형의 독특한 건물인 '책의 사당'에는 사해 문서를 소장하고 있다.

병마용 박물관
중국 시안 www.bmy.com.cn
진시황릉 동쪽에 있으며, 웅장한 크기의 병마용갱과 수많은 병마용을 볼 수 있다.

찾아보기

사진 출처

22쪽 By LivioAndronico (2014)
https://commons.wikimedia.org/wiki/File:Laocoon_and_His_Sons.jpg

44쪽 by John Karakatsanis from Athens, Greece
https://commons.wikimedia.org/wiki/File:Ancient_Olympia,_Greece2.jpg

56쪽 by Author Berthold Werner
https://commons.wikimedia.org/wiki/File:Petra_Jordan_BW_22.JPG

66쪽 By Mujtaba Chohan
https://commons.wikimedia.org/wiki/File:BM,_AES_Egyptian_Sulpture_~_Colossal_bust_of_
    Ramesses_II,_the_%27Younger_Memnon%27_(1250_BC)_(Room_4).jpg

78쪽 © Hans Hillewaert
https://commons.wikimedia.org/wiki/File:Rosetta_Stone.JPG

99쪽 아래 By Gakuro
https://commons.wikimedia.org/wiki/File:Bonehouse1.jpg

117쪽 아래 by Wknight94
https://commons.wikimedia.org/wiki/File:Pompeii_forum_market_cast_4.jpg

128쪽 by CherryX
https://commons.wikimedia.org/wiki/File:Walls_of_Troy_(2).jpg

숨겨진 보물 사라진 도시

초판 1쇄 발행 2019년 3월 15일

지은이 | 질케 브리
그린이 | 마르틴 하케
옮긴이 | 김경연
펴낸이 | 조미현

편집주간 | 김현림
책임편집 | 김호주
교정교열 | 주소림
디자인 | 소요 이경란

펴낸곳 | (주)현암사
등록 | 1951년 12월 24일 · 제10-126호
주소 | 04029 서울시 마포구 동교로12안길 35
전화 | 02-365-5051
팩스 | 02-313-2729
전자우편 | editor@hyeonamsa.com
홈페이지 | www.hyeonamsa.com

ISBN 978-89-323-1975-9 03900

이 도서의 국립중앙도서관 출판예정도서목록(CIP)은 서지정보유통지원시스템 홈페이지 (http://seoji.nl.go.kr)와 국가자료공동목록시스템(http://www.nl.go.kr/kolisnet)에서 이용하실 수 있습니다.(CIP제어번호 CIP2019006332)